T0194790

essentials

Essentials liefern aktuelles Wissen in konzentrierter Form. Die Essenz dessen, worauf es als „State-of-the-Art" in der gegenwärtigen Fachdiskussion oder in der Praxis ankommt. Essentials informieren schnell, unkompliziert und verständlich.

- als Einführung in ein aktuelles Thema aus Ihrem Fachgebiet
- als Einstieg in ein für Sie noch unbekanntes Themenfeld
- als Einblick, um zum Thema mitreden zu können

Die Bücher in elektronischer und gedruckter Form bringen das Expertenwissen von Springer-Fachautoren kompakt zur Darstellung. Sie sind besonders für die Nutzung als eBook auf Tablet-PCs, eBook-Readern und Smartphones geeignet.

Essentials: Wissensbausteine aus den Wirtschafts, Sozial- und Geisteswissenschaften, aus Technik und Naturwissenschaften sowie aus Medizin, Psychologie und Gesundheitsberufen. Von renommierten Autoren aller Springer-Verlagsmarken.

Stefan Bajohr

Die Schuldenbremse

Politische Kritik des Staatsschuldenrechts

 Springer VS

Prof. Dr. Stefan Bajohr
Heinrich-Heine-Universität Düsseldorf
Düsseldorf
Deutschland

ISSN 2197-6708   ISSN 2197-6716 (electronic)
essentials
ISBN 978-3-658-11323-0   ISBN 978-3-658-11324-7 (eBook)
DOI 10.1007/978-3-658-11324-7

Die Deutsche Nationalbibliothek verzeichnet diese Publikation in der Deutschen Nationalbibliografie; detaillierte bibliografische Daten sind im Internet über http://dnb.d-nb.de abrufbar.

Springer VS
© Springer Fachmedien Wiesbaden 2016

Gedruckt auf säurefreiem und chlorfrei gebleichtem Papier

Springer Fachmedien Wiesbaden ist Teil der Fachverlagsgruppe Springer Science+Business Media
(www.springer.com)

Was Sie in diesem Essential finden können

- Eine Auseinandersetzung mit der Politik fortwährend wachsender öffentlicher Verschuldung
- Eine Analyse der wirtschaftlichen und verteilungspolitischen Wirkungen der Staatsverschuldung
- Die europäische Dimension öffentlicher Verschuldung
- Das Regelwerk zur Eindämmung der Verschuldung in Europa
- Eine Darstellung und Kritik des geltenden Kreditverfassungsrechts

Inhaltsverzeichnis

Abkürzungsverzeichnis

Abb.	Abbildung
ABl.	Amtsblatt der Europäischen Gemeinschaften bzw. Union
Abs.	Absatz
AEUV	Vertrag über die Arbeitsweise der Europäischen Union
a.F.	alte Fassung
Art.	Artikel
BGBl.	Bundesgesetzblatt
BIP	Bruttoinlandsprodukt
BRD	Bundesrepublik Deutschland
BVerfGG	Gesetz über das Bundesverfassungsgericht
EcoFin-Rat	Rat für Wirtschaft und Finanzen in der Europäischen Union
EG	Europäische Gemeinschaften
EP	Europäisches Parlament
Erg.-Lfg.	Ergänzungslieferung
EWWU	Europäische Wirtschafts- und Währungsunion
GG	Grundgesetz für die Bundesrepublik Deutschland
HGrG	Gesetz über die Grundsätze des Haushaltsrechts des Bundes und der Länder
IHK	Industrie- und Handelskammer
OECD	Organisation für wirtschaftliche Zusammenarbeit und Entwicklung
RhPfVerf	Verfassung des Landes Rheinland-Pfalz
Rn.	Randnummer
StabG	Gesetz zur Förderung der Stabilität und des Wachstums der Wirtschaft
StabiRatG	Gesetz zur Errichtung eines Stabilitätsrates und zur Vermeidung von Haushaltsnotlagen
SZAG	Gesetz zur innerstaatlichen Aufteilung von Sanktionszahlungen zur Sicherstellung der Haushaltsdisziplin in der Europäischen Union

UMTS	weltweites bewegliches Fernmeldesystem
Verf HE	Verfassung des Landes Hessen
Verf SH	Verfassung des Landes Schleswig-Holstein
vgl.	vergleiche!
VO	Verordnung

Einblick 1

Die Debatte über die Staatsverschuldung hat sich in den letzten Jahren zugespitzt: Deutschland steuere auf eine „finanzielle Katastrophe" (Focus-Money 2014) zu, heißt es; daher gebe es „zum Sparen [...] keine Alternative" (IHK München und Oberbayern 2010). Der Bundesfinanzminister schmückt seine Politik mit dem selbst gewählten Label von der „schwarzen Null" (Der Tagesspiegel 2014), also mit einem in Einnahmen und Ausgaben ohne Kreditaufnahme ausgeglichenen Bundeshaushalt. Denen, die sich den ökonomischen Strategien nicht unterwerfen möchten, die mit diesen Slogans implizit verbunden sind, wird unterstellt, die Staatsfinanzen zu ruinieren (Focus-Money 2012). Die so Beschuldigten wiederum wehren sich mit Rufen wie „Spardiktat" (Arbeitsgruppe Alternative Wirtschaftspolitik 2011, S. 131 ff.) und „sozialer Kahlschlag" (Wagenknecht 2012).

Grundlage des Streits ist, dass sich die Staatstätigkeit enorm ausgeweitet und ein Wachstum der Staatsausgaben verursacht hat: man denke beispielsweise an den Ausbau des Bildungswesens, an die Zunahme umweltpolitischer Interventionen oder an die öffentlichen Infrastrukturen für Wirtschaft und Urbanisierung. Da die Staatsausgaben schneller zunahmen als die gesamtwirtschaftliche Leistung, erhöhte sich die Staatsquote (Anteil der Staatsausgaben am Bruttoinlandsprodukt) – ehe sie durch gezielte politische Eingriffe ab 1996 zurückgeführt wurde (vgl. Bundesministerium der Finanzen 2015, S. 81). Den Anstieg der öffentlichen Ausgaben zu finanzieren, bereitete so lange keine Schwierigkeiten, solange die Wirtschaftsleistung und die Staatseinnahmen (im Wesentlichen: Steuern und Sozialversicherungsbeiträge) in vergleichbaren Größenordnungen zunahmen. Erste Rückschläge waren zu verzeichnen, als das wirtschaftliche Wachstum ausblieb, die Staatseinnahmen dementsprechend einbrachen und die Staatsausgaben (vor allem in Form von Sozialausgaben und konjunkturellen Stützungsmaßnahmen) weiter stiegen. Von da an schlossen Kredite die auftretenden Einnahmelöcher. Anders als die damals vorherrschende keynesianische Theorie es wollte, wurden diese Ver-

© Springer Fachmedien Wiesbaden 2016

S. Bajohr, *Die Schuldenbremse*, essentials, DOI 10.1007/978-3-658-11324-7_1

1

bindlichkeiten (sprich: Schulden) in Phasen konjunktureller Erholung nicht netto getilgt, sondern mit Hilfe weiterer Kredite finanziert. Daraus folgte ein unaufhörlicher Anstieg der Gesamtverschuldung. Sie nahm in den 1990er Jahren kräftig zu, weil zur Finanzierung der deutschen Einheit vor allem auf den Kreditmarkt zugegriffen wurde: Von der Zunahme der Gesamtverschuldung zwischen 1989 und 1996 entfielen mehr als die Hälfte auf die Wiedervereinigung (vgl. Deutsche Bundesbank 1997, S. 19). Als dann auch noch Steuerstreichungen und massive Steuersenkungen das Gleichgewicht zwischen dem Wachstum der Wirtschaft und dem der Staatseinnahmen störten, war der Weg in eine Staatsschuldenkrise geebnet. Sie verschärfte sich, als eine Finanz- und Bankenkrise hinzutrat.

Eine der Antworten auf die Staatsschuldenkrise bestand in der Bundesrepublik Deutschland in der so genannten Schuldenbremse, die 2009 im Rahmen der „Föderalismusreform II" Eingang ins Grundgesetz fand. Sie lehnte sich an ein Vorbild in der Schweizer Bundesverfassung an und avancierte selbst zur Blaupause für das Staatsschuldenrecht in anderen Mitgliedstaaten der Europäischen Union. Die deutsche Schuldenbremse, die ab 2016 für den Bundeshaushalt und ab 2020 für die Länderhaushalte gelten wird, findet ein zwiespältiges Echo. Erhoffen sich konservative und liberale Parteien sowie die Unternehmerverbände und die Mehrheit der Inhaber/innen wirtschaftswissenschaftlicher Lehrstühle an den Universitäten (vgl. Frankfurter Allgemeine Zeitung 2014) von der Schuldenbremse eine nachhaltige Dämpfung der öffentlichen Verschuldung, so befürchten die Linke und die Gewerkschaften sowie Teile der Sozialdemokratie (wenngleich die meisten ihrer Bundestagsabgeordneten und drei von fünf ihrer Ministerpräsident/innen der Grundgesetzänderung zugestimmt haben) einen Rückgang öffentlicher Investitionen, ein Abschnüren von Möglichkeiten der Intervention in den Wirtschaftsablauf sowie die Aushöhlung des Sozialstaates. Dies kommt, weil beide Kontrahenten wie gebannt auf die Ausgabenseite der öffentlichen Haushalte starren und dabei die Einnahmenseite und vor allem die Frage einer neuen Umverteilung von Einkommen und Vermögen weitgehend ausblenden. Auch in der Literatur zur Schuldenbremse finden sich kaum Anhaltspunkte für eine Gesamtbetrachtung der Staatsschuldenproblematik unter Berücksichtigung einer neuen Verteilungskultur.

Für und wider Staatsverschuldung

Der Streit um Sinn oder Widersinn der Staatsverschuldung, also über die vom öffentlichen Sektor bei Dritten (vor allem bei Privaten) aufgenommenen Kredite, reicht weit zurück. So unterzog der Begründer der liberalen Volkswirtschaftslehre, Adam Smith, die Staatsverschuldung in bewusster Abkehr vom schuldenfreundlichen Merkantilismus einer vernichtenden Kritik (Smith 1904, S. 392–433) und Karl Marx betrachtete die Staatsschuld als die „Veräußerung des Staats" (Marx 1962, S. 782). Dahingegen mahnte Lorenz von Stein, Professor für Politische Ökonomie in Wien, dass „ein Staat ohne Staatsschuld" entweder „zu wenig für seine Zukunft" tue oder „zu viel von seiner Gegenwart" fordere (von Stein 1878, S. 347).

Bis ins erste Drittel des 20. Jahrhunderts hinein diente die Staatsverschuldung in aller Regel dem Ausgleich zu geringer Steuereinnahmen oder unvorhergesehener Steuerausfälle. Auch ein längerfristiger Bedarf des Staates oder der Wunsch seiner Funktionsträger, zusätzliche öffentliche bzw. für öffentlich erklärte Zwecke – Aufrüstung, kolonialpolitische Abenteuer, Luxuskonsum der herrschenden Eliten usw. – zu finanzieren, konnten den Weg zu privaten Kreditgeber/innen weisen. Erst der britische Ökonom John M. Keynes führte eine konjunkturtheoretische Rechtfertigung staatlicher Verschuldung in die Debatte ein. Anders als die sog. Klassiker und Neoklassiker der bürgerlichen politischen Ökonomie, die für einen zurückhaltenden, sich in das Marktgeschehen nicht einmengenden Staat plädierten und auf die Selbstheilungskräfte von Arbeits-, Waren- und Kapitalmärkten vertrauten, vertrat Keynes die Meinung, dass der Staat im konjunkturellen Abschwung in das Wirtschaftsgeschehen eingreifen müsse.

Keynes' Konzept, das u. a. von der Roosevelt-Administration in den Vereinigten Staaten adaptiert wurde und als eine der Grundlagen des „New Deal" gilt (Mattick 1974, S. 128), ging davon aus, dass nicht die Preise das Gleichgewicht auf den Märkten garantieren bzw. wiederherstellen, sondern dass das Güterangebot und die Beschäftigung von der gesamtwirtschaftlichen Nachfrage (privatem Konsum,

© Springer Fachmedien Wiesbaden 2016
S. Bajohr, *Die Schuldenbremse*, essentials, DOI 10.1007/978-3-658-11324-7_2

Investitionsgütern, Staatsausgaben[1]) abhängen. Diese Nachfrage und eben nicht das angesammelte Kapital eines Unternehmers entscheiden gemäß Keynes über dessen Investitionen und damit auch über die Beschäftigungssituation zahlreicher Menschen. Sinke die gesamtwirtschaftliche Nachfrage oder verfestige sich bei den Unternehmen die Erwartung sinkender Nachfrage (und damit sinkender Gewinne), so würden die Produktion und die Investitionen eingeschränkt, die Zahl der Arbeiternehmer/innen reduziert und angesammeltes Kapital anderweitiger Verwendung, zum Beispiel der Spekulation mit Finanzprodukten, zugeführt. Der konjunkturelle Abschwung verstärke sich, wenn sich der öffentliche Sektor in dieser Konstellation zurückhalte. Er müsse stattdessen ökonomisch aktiv werden und durch zusätzliche Nachfrage die Lücken füllen, die die Privatwirtschaft mit ihrem Rückzug vom Markt hinterlasse (antizyklische Konjunktursteuerung). Öffentliche Aufträge, beispielsweise der Ausbau und die Sanierung von Infrastrukturen, die Herstellung von Verwaltungsgebäuden und Bildungsstätten oder die Beschaffung von Maschinen und Großrechnern, sollen an die Stelle der privaten treten. Sie steigern die gesamtwirtschaftliche Nachfrage, stimulieren die Erwartungen nicht nur der beauftragten Unternehmen, sondern darüber hinaus die ihrer Zulieferer und bewirken die Vermehrung der Zahl der Erwerbstätigen, die wiederum dank ihrer Einkommen die Konsumgüternachfrage verstärken. Parallel dazu sinken infolge rückläufiger Erwerbslosenzahlen die Sozialausgaben der öffentlichen Hände und steigen die Einnahmen aus Steuern und Sozialversicherungsbeiträgen. Die Konjunktur stabilisiert bzw. belebt sich und dem Aufschwung steht kaum mehr etwas im Wege.

Zur Frage, woher das Geld stamme, das der öffentliche Sektor zwecks Wiederankurbelung der Wirtschaft in die Hände nehmen sollte, äußerte sich *Keynes* nicht eindeutig. Setzte er bei Abschwüngen gewöhnlichen Ausmaßes auf die Verausgabung zuvor gebildeter Rücklagen, so galt ihm die Weltwirtschaftskrise der 1930er Jahre als hinreichender Grund für eine Defizitfinanzierung („deficit spending"). Allerdings, und dies bleibt festzuhalten und soll hier gedanklich dreimal unterstrichen werden, ging *Keynes* davon aus, dass die aufgenommenen Kredite in konjunkturell besseren Zeiten getilgt und dass im Aufschwung keine neuen Kredite aufgenommen würden.

Die Politik der darauf folgenden Jahrzehnte hat sich – vor allem seit den 1960er Jahren – zwar keynesianisch eingefärbt und vor allem die öffentliche Kreditaufnahme als ein Instrument der Intervention in den Konjunkturverlauf begriffen. Ob überhaupt und inwieweit sie dadurch die Erwerbslosigkeit eindämmen konnte, ist umstritten. Dass aber *Keynes*' „Allgemeine Theorie" von der Politik amputiert wurde und nur die Kreditaufnahme, nicht aber die Tilgung übrig blieb (Deutscher Bundestag 2009c, S. 24866), ist unstreitig.

---

[1] In einer geschlossenen Volkswirtschaft unter Ausschluss der Auslandsnachfrage.

Die keynesianisch inspirierte Politik ermöglichte die Bewahrung und behutsame Erweiterung des Wohlfahrtsstaates – trotz ausbleibenden oder schwindenden Wirtschaftswachstums. Konflikte über die Verteilung der öffentlichen Einnahmen und ein Abbau öffentlicher Leistungen konnten durch Kreditaufnahmen, also durch die Verlagerung der Finanzlasten in die Zukunft, zeitweilig vermieden werden. Die Zuordnung der Kosten der Politik auf die verschiedenen sozialen Schichten wurde dadurch vernebelt (Singer 1996, S. 35). Die zu verteilende Finanzmasse reichte aus, diverse Anforderungen zu befriedigen, ohne die Bevölkerung insgesamt oder ausgewählte Bevölkerungsgruppen mit Abgabenerhöhungen zu belasten. Daraus entsprang eine gefährliche Fiskalillusion: Quantitativ ansehnliche, qualitativ hochwertige und nahezu jederzeit abrufbare kommunale und staatliche Leistungen ließen sich trotz einer im internationalen Vergleich niedrigen Steuerquote (vgl. Bundesministerium der Finanzen 2014, S. 392) scheinbar solide finanzieren.

Was aber als sozial drapiertes Lösungsmodell innerhalb marktwirtschaftlicher Produktionsverhältnisse daherkam, erwies sich bei näherem Hinsehen als gigantische Umverteilung von Einkommen und Vermögen von unten nach oben (vgl. Wolfer 1982, S. 182). Denn wegen ihrer nicht vorhandenen bzw. äußerst geringen Sparquote gewähren nicht Sozialleistungsempfänger/innen, Arbeitnehmer/innen mit kleinen und mittleren Einkommen oder Kleingewerbetreibende dem Staat Kredit, sondern einkommensstarke und vermögende Privathaushalte sowie Kapitalsammelstellen. Die Staatsverschuldung liegt also „vornehmlich im Interesse derer, die reich genug sind, dem Staat Geld zu leihen" (Piketty 2014, S. 737). Die mit dem Kredit verbundenen Tilgungs- und Zinsverpflichtungen gegenüber dieser Minderheit von Gläubigern muss von der Allgemeinheit der Steuerzahler/innen erfüllt werden. Von den Vielen fließen also staatliche Zinsausgaben im Umfang mehrerer Milliarden Euro in Form privater Zinseinnahmen an Wenige.

Verschärft wird diese Umverteilung durch die Steuergesetzgebung der letzten Jahrzehnte. Sie hat wirtschaftlich weniger starke Schichten durch Erhöhungen indirekter Steuern (2002–2015 Tabaksteuer, 2007 Umsatzsteuer, 2010 Versicherungsteuer) überproportional an der Finanzierung von Zins und Tilgungsverpflichtungen beteiligt. Parallel dazu reduzierte sie die Belastung hoher und sehr hoher Einkommen und Vermögen durch

- Abschmelzung des Spitzensteuersatzes in der Einkommensteuer (ab 1990),
- Abschaffung der Börsenumsatzsteuer (1991),
- Aussetzung der Vermögensteuer (1997),
- Beseitigung der Gewerbekapitalsteuer (1998),
- Senkung der Körperschaftsteuer (ab 2001) und
- Reduktion der Erbschaftsteuer für Unternehmenserben zum Teil bis auf null (2009).

Dadurch sank der Anteil der Besitzsteuern an den Gesamtsteuereinnahmen zwischen 1975 und 2013 von 60 auf 49 % (vgl. Bundesministerium der Finanzen 2014, S. 273, 294). Ein Füllhorn von Steuergestaltungsmöglichkeiten für international operierende Unternehmen (vgl. Liebert 2011, S. 142 ff.) komplettiert die abnehmende Einbeziehung hoher Einkünfte und Vermögen in die Steuerfinanzierung des öffentlichen Sektors. Daran ist auch die windige Politik von Zwergstaaten wie Luxemburg beteiligt, die globalen Konzernen dabei behilflich ist, auf Kosten anderer Gemeinwesen Milliardenbeträge am Fiskus vorbei in die Taschen von Milliardär/innen zu lenken (vgl. Süddeutsche Zeitung 2014). Diese Manipulationen tragen zu einem weiteren Anschwellen des Defizits in den öffentlichen Haushalten bei; der Zwang zu weiterer Verschuldung nimmt zu. Im Ergebnis wird die Verzinsung der öffentlichen Schuld durch eine wachsende Belastung der Masseneinkommen finanziert, während die gleiche gesellschaftliche Klasse, die den überwiegenden Teil der Zinseinkünfte aus Verbindlichkeiten der öffentlichen Haushalte einsammelt, ihre Beteiligung am Schuldendienst qua Steuerentlastung und -umgehung kontinuierlich mindert.

Die zu Keynes' Zeiten national eingehegten Volkswirtschaften haben sich unter den Bedingungen von Globalisierung und freiem Kapitalverkehr längst entgrenzt, so dass die Annahme, die Gesellschaftsmitglieder würden sich nur bei sich selbst verschulden (vgl. Gandenberger 1981, S. 29), nicht mehr zutrifft. Tatsächlich fließen mittlerweile enorme Summen des steuerfinanzierten Schuldendienstes aus Deutschland ab. Ursache dafür ist die wachsende Auslandsverschuldung: 1980 entfielen nur rund neun Prozent der Schulden auf Gläubiger im Ausland; 2013 waren es bereits 61 % (vgl. Deutsche Bundesbank 1981, S. 59*, 2015, S. 63*). Das macht deutlich, dass sich der internationale Staatsverschuldungsmarkt fest etabliert hat: Die Geldschöpfung wird tendenziell nicht mehr von […] Staaten vorgenommen, sondern von […] internationalen […] Finanzkomplexen (Rügemer 1995, S. 55), in deren Abhängigkeit sich die nationalen Ökonomien begeben haben. Was aber die Auslandsverschuldung gegenwärtig an zusätzlicher Ressourcennutzung ermöglicht, wird irgendwann im Wege des Verzichts abbezahlt werden müssen. Der Staat befindet sich hier – anders als bei der Inlandsverschuldung – im gleichen Verhältnis zum Gläubiger wie der private Schuldner. „Der einzige Teil des sogenannten Nationalreichtums, der wirklich in den Gesamtbesitz der modernen Völker eingeht, ist – ihre Staatsschuld" (Marx 1962, S. 782 f.). Und während der Schuldendienst die Binnenkonjunktur dämpft, verflüchtigt sich das überschüssige Geldkapital – auf der Suche nach der jeweils profitabelsten Anlageform – in der virtuellen Welt globalisierter Finanzmärkte. Das ändert sich auch nicht dadurch, dass Inländer/innen ausländische Staatsschuldentitel besitzen, aus denen sie Zinseinkünfte erzielen.

Ab den 1980er Jahren formierte sich, angeführt von dem US-amerikanischen Ökonomen *Milton Friedman*, eine neoliberale Gegenbewegung. Diese Denkrichtung lehnt wie die Klassik und die Neoklassik staatliche Interventionen als weitgehend unwirksam oder sogar marktverzerrend ab und stellt der Notenbank die Aufgabe, für Geldwertstabilität zu sorgen, um Inflation zu verhindern und das Funktionieren der marktwirtschaftlichen Anpassungsprozesse zu ermöglichen. Der Staat soll Wirtschaft und Sozialbeziehungen deregulieren und sich ansonsten darauf beschränken, den ungestörten Ablauf der marktwirtschaftlichen Prozesse ordnungsrechtlich abzusichern. Dementsprechend fordert der Neoliberalismus, die keynesianisch inspirierte Konjunkturpolitik mitsamt Defizitfinanzierung ein für alle Mal aufzugeben. Die Wirtschaftspolitik, die dieser Denkschule folgte, bescherte sinkende Reallöhne, prekäre Beschäftigungsverhältnisse mit oft unzureichenden Einkünften, Einschränkungen bei den Sozialleistungen sowie sinkende öffentliche und private Investitionen in die Realwirtschaft. Gewachsen sind die Einkommen und die Vermögen der wirtschaftlichen Eliten und die Volumina Gewinn suchender Liquidität auf den Weltfinanzmärkten. An der Aufgabe, die Massenerwerblosigkeit zu beseitigen, scheiterte der Neoliberalismus. Sein Versprechen, vom Wohlstand der Reichen würden auch die unteren Klassen profitieren, hat sich als Mär erwiesen.

Die ehemalige Staatsschuldenregel (1969–2009)   3

Die keynesianische Problemlösungsoption beeinflusste in den 1960er Jahren die bundesdeutsche Finanzverfassung nachhaltig. Vor allem mit der Novellierung des Verschuldungsartikels 115 GG, die am 15. 05. 1969 in Kraft trat, wurde „allen öffentlichen Haushalten eine verfassungsrechtliche Pflicht zur antizyklischen Haushaltsgestaltung" auferlegt (Deutscher Bundestag 1966, S. 11). Befürchtungen negativer Langfristeffekte wurden mit dem Versprechen abgetan, aktives „deficit spending" führe in einer wirtschaftlichen Schwächephase „zu Einnahmen- und Beschäftigungseffekten [...], die dem Staat Mehreinnahmen oder Ausgabenersparnisse verschaffen, die die ursprüngliche Staatsverschuldung kompensieren oder sogar überkompensieren" (Oberhauser 1985, S. 333). Richtig angewandt, werde die antizyklische Konjunkturpolitik verschuldungsneutral ausfallen. Schulden- und Zinslastquoten strebten festen, tragbaren Grenzwerten zu.

Um die Belastung künftiger Haushaltsjahre durch den Schuldendienst (Tilgungs- und Zinszahlungen) in Grenzen zu halten, knüpfte Art. 115 Abs. 1 GG in der Fassung von 1969 die Kreditaufnahme des Bundes[1] an die von ihm beabsichtigten Investitionsausgaben. Dahinter stand die Vorstellung, dass eine Verschuldung problemlos sei, so lange mit den Verbindlichkeiten eine Zunahme des öffentlichen Vermögens einhergehe (sog. „goldene Regel" der Finanzpolitik) (Friauf und Höfling 2010, Rn. 21). Im Notfall könne der Kredit durch Vermögensveräußerung abgelöst und ein gleichsam jungfräulicher Status quo ante wiederhergestellt werden. Die in einem Haushaltsjahr zulässige Nettokreditaufnahme – das sind die Krediteinnahmen abzüglich der Tilgungsausgaben – des Bundes sollte also durch seine im selben Haushaltsjahr geplanten Investitionen nach oben hin begrenzt sein. Die Kredithöchstgrenze konnte sogar entfallen, wenn das Parlament mehrheitlich zu dem Ergebnis kam, dass eine Störung des gesamtwirtschaftlichen Gleichge-

---

[1] Die Länder nahmen anschließend entsprechende Novellierungen ihrer Verfassungen vor.

© Springer Fachmedien Wiesbaden 2016
S. Bajohr, *Die Schuldenbremse*, essentials, DOI 10.1007/978-3-658-11324-7_3

wichts vorliege oder drohe – wenn also eines oder mehrere der im Stabilitäts- und Wachstumsgesetz von 1967 erwähnten Ziele[2] verfehlt wurde. In einem solchen Fall musste das Parlament darlegen, dass die Überschreitung der verfassungsrechtlichen Kreditgrenze dazu diene und geeignet sei, die Störung abzuwehren (vgl. Bundesverfassungsgericht 1989, S. 344 ff.). Wurde eine solche Feststellung auf der Ebene des Bundes getroffen, so erstreckte sie sich, da die Haushaltswirtschaften von Bund und Ländern nach Art. 109 Abs. 1 GG selbstständig und voneinander unabhängig sind, nicht automatisch auf die Landeshaushalte. Damit gegebenenfalls auch bei ihnen eine Ausnahme von dem für sie geltenden Kreditlimit zulässig wurde, mussten die Länderparlamente eigenständig entscheiden. Wurde die Ausnahmeregelung in Anspruch genommen (und dies geschah sowohl auf der Ebene des Bundes als auch auf derjenigen der Länder häufig genug), durften auch konsumtive Zwecke – d. h. Ausgaben ohne jeglichen Zukunftsbezug – kreditfinanziert werden.

Weil Investitionen – beispielsweise ein Abwasserkanal oder eine Autobahn – von nachfolgenden Generationen mitbenutzt werden können, erscheint es vielen Ökonomen nur recht und billig, sie an der Finanzierung solcher Ausgaben zu beteiligen. Die Kreditfinanzierung diene schließlich dem intertemporalen Lastenausgleich und der Schuldendienst verteile sich gerechterweise über die Jahre der Nutzung der Investition: „pay as you use" (Musgrave 1958, S. 72 f.). Es erwies sich indes bald, dass nicht alle Ausgaben, die als Investition gebucht wurden, den öffentlichen Kapitalstock mehrten. Denn bei vielen von ihnen handelte es sich nicht um zusätzliches Vermögen schaffende Investitionen, sondern lediglich um Instandhaltungen oder um die Mehrung des Konsumvermögens (Grünanlagen, Museen usw.) (vgl. Blasius und Jahnz 1997, S. 31). Ein derartiger Bruttoinvestitionsbegriff entsprach zwar dem Verständnis der Bundesregierung, wonach Investitionen die Produktionsmittel der Volkswirtschaft nicht nur vermehren, sondern auch erhalten oder verbessern sollten (Deutscher Bundestag 1968, S. 47). Er vertrug sich aber nicht mit dem Ziel einer Amortisation öffentlicher Investitionen und konnte daher auch nicht zu einer Tilgung eben jener Verbindlichkeiten beitragen, die infolge der als investiv deklarierten Ausgaben entstanden. Der Investitionsbegriff hätte durch eine rechtliche Klarstellung dahingehend korrigiert werden können, dass allein Nettoinvestitionen als Bezugsgröße für die Nettoneuverschuldung herangezogen werden dürfen (vgl. Höfling 1993, S. 193). Parlamente und Regierungen haben hierauf absichtsvoll verzichtet, obgleich dadurch die öffentliche Verschuldung in Relation zum öffentlichen Vermögen wuchs. Nicht in die Betrachtung der

---

[2] Preisniveaustabilität, hoher Beschäftigungsstand, außenwirtschaftliches Gleichgewicht, stetiges und angemessenes Wirtschaftswachstum (§ 1 Satz 2 StabG).

Verschuldungsbegrenzung einbezogen wurden auch die Folgekosten von Investitionsausgaben: Betrieb, Wartung und Reparatur der kreditfinanzierten Objekte vermehrten die Belastung künftiger Haushalte, ohne dass dafür eigens Vorsorge getroffen wurde. Es wurde auch nicht berücksichtigt, dass diese Belastung wegen des demografischen Wandels von einer in Zukunft wahrscheinlich geringeren Zahl von Menschen geschultert werden muss.

Die prinzipielle Bindung der maximal zulässigen Nettokreditaufnahme (des Schuldenwachstums) an die Investitionsausgaben (die Vermögensmehrung) wurde nicht allein durch die Ausnahmebestimmung bei Störungen des gesamtwirtschaftlichen Gleichgewichts und durch die Unbestimmtheit des Investitionsbegriffs gelockert, sondern auch dadurch, dass die Geltung dieser Bindung für den Haushaltsvollzug bestritten wurde. Namhafte Finanzpolitiker und -wissenschaftler vertraten die Meinung, Art. 115 Abs. 1 Satz 2 GG a. F. binde den Haushaltsgesetzgeber nur im Augenblick der Verabschiedung von Haushaltsgesetz und Haushaltsplan (vgl. für viele von Münch und Kunig 2003, Rn. 13). Was danach geschehe, unterliege dieser Verfassungsbestimmung nicht. Folglich konnte sich bei der Rechnungslegung – sanktionsfrei – herausstellen, dass die tatsächlichen Investitionsausgaben die geplanten unterschritten, während die Neuverschuldung planmäßig und größer ausfiel als der Vermögenszuwachs. Krediteinnahmen wurden in solchen Fällen konsumtiv verausgabt und der Abstand zwischen öffentlichem Vermögen und öffentlicher Verschuldung verringerte sich (vgl. Sachverständigenrat 2006, S. 301).

Deutsche Staatsverschuldung bis zur Währungsunion

4

Bis ans Ende der 1960er Jahre war die öffentliche Verschuldung in der Bundesrepublik auch dank der Vollbeschäftigung mäßig ausgefallen. Das hätte bei konsequenter Umsetzung der *Keynes*'schen Theorie („deficit spending" *plus* Bildung von Konjunkturrücklagen) im Durchschnitt mehrerer Haushaltsjahre so bleiben können. Doch die 1969 im Grundgesetz verankerte Verschuldungsregel wurde hinsichtlich ihrer limitierenden Auflagen zwar beachtet; aber die Umgehungsmöglichkeiten, die durch unbestimmte Rechtsbegriffe und Ausnahmebestimmungen geöffnet worden waren, stimulierten die Begehrlichkeiten der Politik.

So wuchsen die Nettokreditaufnahmen der öffentlichen Haushalte in den rund dreißig Jahren zwischen der Einführung des Keynesianismus ins Grundgesetz und dem Beginn der Europäischen Wirtschafts- und Währungsunion von Jahr zu Jahr. Vor allem ab 1974 und zu Beginn der 1980er Jahre verursachten zwei Ölpreissteigerungen wirtschaftliche Einbrüche, auf die die damaligen Regierungen des Bundes und der Länder mit zunehmender Nettoneuverschuldung reagierten (vgl. Abb. 4.1).

Wie eifrig Bundes- und Landesregierungen von da an die Nettoneuverschuldung „vom konjunkturpolitisch begründeten Sonderfinanzierungsinstrument zur ,normalen' Finanzierungsquelle auch in konjunkturell ausgeglichenen Situationen umfunktioniert[en]" (Hardt et al. 1996, S. 29), war ihren Finanzplanungen zu entnehmen. Diese offenbarten, dass die öffentliche Finanzwirtschaft wie selbstverständlich auf immer neue Kredite setzte. Außerdem wurden im Aufschwung – in Abkehr von *Keynes* – keine Rücklagen für den Abschwung gebildet. Dementsprechend wurde die Nettoneuverschuldung gänzlich unabhängig vom Konjunkturverlauf eingeplant. Jedes Jahr eines Finanzplanungsjahrfünfts wurde mit einer Kreditaufnahme versehen, ohne dass irgendjemand die konjunkturelle Entwicklung

© Springer Fachmedien Wiesbaden 2016
S. Bajohr, *Die Schuldenbremse*, essentials, DOI 10.1007/978-3-658-11324-7_4

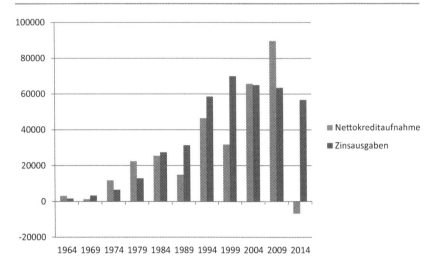

Abb. 4.1 Nettokreditaufnahmen und Zinsausgaben 1964–2014 (in Milliarden €). (Quelle: Statistisches Bundesamt)

für so lange Zeiträume ernsthaft hätte prognostizieren können und ohne Rücksicht darauf, dass eine Nettoneuverschuldung im Boom unterbleiben sollte.

Die Defizitquote, also der Anteil der öffentlichen Nettokreditaufnahme an der gesamtwirtschaftlichen Leistung (vgl. Abb. 4.2), bewegte sich in den Jahrzehnten vor der Währungsunion im Rahmen der – damals noch nicht bekannten – Grenze des Maastrichter Vertrages von minus drei Prozent (vgl. Kap. 5).

Da aber Warnungen vor den Fallstricken fortwährender Neuverschuldung nicht ernst genug genommen wurden, nahm die Gesamtverschuldung Besorgnis erregende Ausmaße an: Von 9,5 Mrd. € im Jahre 1950 wuchs sie bis 1990 auf 538 Mrd € und sie verdoppelte sich in den den auffolgenden sieben Jahren auf 1,1 Billionen € (vgl. Abb. 4.3).

Dem entsprach, dass die Schuldenstandquoten, also der Anteil der Verschuldung des öffentlichen Gesamthaushalts am Bruttoinlandsprodukt, stiegen (vgl. Abb. 4.4). Im ersten Jahrzehnt des keynesianisch geprägten Art. 115 GG a. F. kletterten sie von rund 18 auf 30 %. In den 1980er Jahren stiegen sie trotz des wieder wachsenden Einflusses der Neoklassik und tiefer Einschnitte in den Sozialstaat (vgl. Arbeitsgruppe Alternative Wirtschaftspolitik 1985, S. 84 ff, 1988, S. 56 ff, 1989, S. 73 ff.) auf 40 %. Bis zum Start der Währungsunion wuchs die Schuldenstandquote auf 60 %. Grund dafür war die ideologisch geprägte Entscheidung

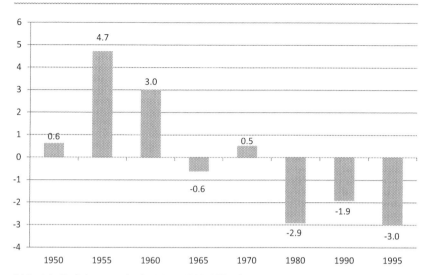

Abb. 4.2 Defizitquoten in der BRD 1950–1995 (in Prozent des BIP). (Quelle: Deutsche Bundesbank)

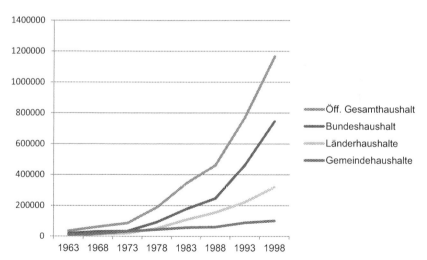

Abb. 4.3 Verschuldung des öffentlichen Gesamthaushalts, des Bundeshaushalts, der Länder- und der Gemeindehaushalte 1963–1998 (in Millionen €). (Quelle: Statistisches Bundesamt)

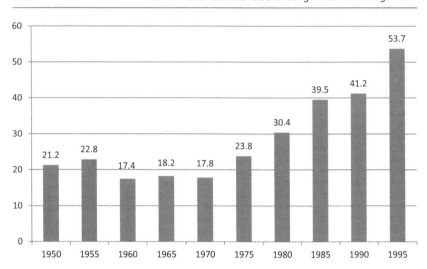

Abb. 4.4 Schuldenstandquoten der BRD 1950–1995 (in Prozent des BIP). (Quelle: Deutsche Bundesbank)

der seinerzeitigen Bundesregierung, auf die Marktmechanismen zu vertrauen und die deutsche Einheit im Wesentlichen nicht durch eine kräftigere Besteuerung einkommensstarker und vermögender Individuen und Unternehmen zu finanzieren, sondern durch Kreditaufnahme und Überwälzung des Schuldendienstes auf die Allgemeinheit.

Maastrichter Konvergenz-Kriterien und Sanktionsmechanismen 5

Die Staatsschuldenregel des Art. 115 GG a.f. konnte der zunehmenden Gesamtverschuldung des öffentlichen Sektors nicht Einhalt gebieten, weil sie nicht einmal
verhinderte, dass sogar in Hochkonjunkturphasen Nettokreditaufnahmen erfolg-
ten. Die Gelegenheit zu einer strafferen Selbstbindung der Politik ergab sich mit
dem 1992 in Maastricht geschlossenen Vertrag zwischen zwölf Staaten über die
Gründung der Europäischen Union, der u. a. die Bildung einer Währungsunion ein-
leitete. Für diese Währungsunion sah der Maastrichter Vertrag Konvergenzkriteri-
en vor, die von allen teilnehmenden EU-Mitgliedstaaten sowohl beim Beitritt zur
Währungsunion als auch danach erfüllt werden sollten. Diese Konvergenzkriterien
betreffen erstens die Inflationsrate, die um nicht mehr als 1,5 Prozentpunkte über
der durchschnittlichen Inflationsrate der drei stabilsten EU-Mitgliedstaaten liegen
soll. Zweites Kriterium ist der langfristige Zinssatz für Staatsschuldverschreibun-
gen. Er soll nicht mehr als zwei Prozentpunkte über dem Durchschnitt der Zins-
sätze der preisstabilsten Mitgliedstaaten liegen. Die Staatsverschuldung betreffend
wurden die Defizit- und die Schuldenstandquote zu entscheidenden Kriterien. Die
Defizitquote bedeutet, dass die Obergrenze für die Nettoneuverschuldung eines
Mitgliedstaates in einem Haushaltsjahr nicht mehr als drei Prozent seines Bruttoinlandsprodukts betragen darf[1]. Bei einem „außergewöhnliche[n] Ereignis, das
sich der Kontrolle des betreffenden Mitgliedstaats entzieht und die staatliche Finanzlage erheblich beeinträchtigt oder auf einen schwerwiegenden Wirtschaftsab-
schwung zurückzuführen ist", sind übermäßige Defizite vorübergehend zulässig
(VO [EG] 1467/97). Diese Regelung trat nicht anstelle, sondern an die Seite der
Neuverschuldungsobergrenze des Grundgesetzes (vgl. Ryczewski 2011, S. 84).
Die Schuldenstandquote besagt, dass die Gesamtverschuldung der öffentlichen

---

[1] Art. 1, 1. Spiegelstrich des „Protokoll[s] über das Verfahren bei einem übermäßigen Defizit" zur Präzisierung von Art. 126 Abs. 2a AEUV.

© Springer Fachmedien Wiesbaden 2016

S. Bajohr, *Die Schuldenbremse*, essentials, DOI 10.1007/978-3-658-11324-7_5

Haushalte eines Mitgliedstaates die Marke von 60 % des Bruttoinlandsproduktes nicht überschreiten darf[2]. Eine derartige Obergrenze kannte und kennt das Grundgesetz nicht.

Im Unterschied zum Grundgesetz, das im Falle von (vermeintlichen) Verstößen gegen finanzverfassungsrechtliche Regeln einzig den Gang zum Verfassungsgericht eröffnet, sah der europäische Stabilitäts- und Wachstumspakt von 1997, der die Schaffung der Wirtschafts- und Währungsunion konkretisierte, von Anfang an außergerichtliche Sanktionsmechanismen vor. Sie sollten allerdings nur beim Defizitkriterium greifen, nicht beim Schuldenstandkriterium. Dieses blieb von Sanktionsdrohungen ausgenommen, da es beim Start der Währungsunion und auch beim Beitritt weiterer Teilnehmer als erfüllt betrachtet wurde, obgleich dies in manchen Fällen faktisch nicht zutraf. Folgerichtig verstieß die Mehrheit der Euroländer nach einiger Zeit gegen das Schuldenstandkriterium (vgl. Tab. 8.1). Verstöße gegen das Defizitkriterium sollen zwar sanktioniert, aber nicht automatisch geahndet werden. Erst, wenn die EU-Kommission eine exzessive, nicht nur vorübergehende und nicht auf außergewöhnliche Umstände zurückgehende Defizitüberschreitung feststellt und daraufhin beim EcoFin-Rat die Einleitung eines Verfahrens beantragt, soll ein Defizitverfahren ins Rollen kommen. Aber auch dann soll der Fortgang des Verfahrens enden, sobald der „sündige" Mitgliedstaat sein Defizit wieder unter die Drei-Prozent-Hürde senkt. Anderenfalls soll es möglich sein, ihn durch Beschluss des EcoFin-Rates zur Zahlung einer unverzinslichen Einlage zu verpflichten, die im Falle einer danach erreichten Unterschreitung des höchstzulässigen Defizitmaximums zurückzuzahlen wäre. Sofern es dem Mitgliedstaat über mehrere Haushaltsjahre hinweg nicht gelingen sollte, die Defizitquote unter drei Prozent zu senken, soll sich die unverzinsliche Einlage in eine Geldbuße umwandeln. Zu fragen ist allerdings, ob es überhaupt vernünftig und realitätstauglich ist, geldliche Sanktionen gegen ein Mitglied der Währungsunion zu verhängen, das sich in einer monetären Notlage befindet. Dagegen spricht einiges. „Einem nackten Mann kann man nicht in die Taschen greifen", lautet ein deutsches Sprichwort, das den Widersinn dieser Art Sanktionsdrohung auf den Punkt bringt.

Wie sich die Lasten einer etwaigen Sanktion im Falle übermäßigen öffentlichen Defizits nach Art. 126 AEUV auf den Bund und die Länder aufteilen würden, legte 2006 das Sanktionszahlungs-Aufteilungsgesetz fest: Danach beläuft sich der Anteil des Bundes auf 65 % der auferlegten Sanktionszahlungen. Der Anteil der Länder beträgt 35 % und bemisst sich zu 65 % an dem Anteil des Defizits eines Landes am Defizit aller Länder und zu 35 % an der Einwohner/innenzahl des jeweiligen

---

[2] Art. 1, 2. Spiegelstrich des „Protokoll[s] über das Verfahren bei einem übermäßigen Defizit" zur Präzisierung von Art. 126 Abs. 2b AEUV.

Landes. Länder mit ausgeglichenen Haushalten oder mit Haushaltsüberschuss sind von dem Teil der Sanktionslasten befreit, der sich nach dem Verursachungsbeitrag bemisst.

Auf dem Hintergrund dieser Regeln wurden bereits Defizitverfahren gegen verschiedene Staaten eingeleitet, darunter auch gegen Deutschland. So empfahl die EU-Kommission im Jahre 2001 eine so genannte Defizitwarnung, weil das deutsche Defizit 2,8 % erreicht hatte. Sie wurde zwar vom EcoFin-Rat nicht formell ausgesprochen; doch in einer schriftlichen Erklärung nahm der Rat die Warnung Anfang des Jahres 2002 auf und der Bundesfinanzminister verpflichtete sich zu strikter Haushaltsdisziplin. Weil das Defizit des Jahres 2002 die Maastrichter Obergrenze mit 3,7 % deutlich überstieg (vgl. Abb. 6.1), leitete die EU-Kommission ein Sanktionsverfahren gegen Deutschland ein. Anfang 2003 bewertete der Eco-Fin-Rat das deutsche Defizit als „übermäßig" und gab Empfehlungen zu dessen Korrektur. Da die Bundesregierung Konsolidierung zusicherte, verzichtete er aber – entgegen der Kommissionsempfehlung – auf eine Verschärfung des Defizitverfahrens. Grund hierfür waren wohl weniger sachliche Erwägungen als ein Zusammenspiel Deutschlands mit Frankreich, das sich in gleicher Lage befand, zulasten der Kommission und der Geltung des Euro-Stabilitätspakts. 2004 scheiterte die Kommission beim Europäischen Gerichtshof mit ihrem Antrag, feststellen zu lassen, dass die Ablehnung ihrer Empfehlungen zum In-Verzug-Setzen Deutschlands durch den EcoFin-Rat rechtswidrig gewesen sei (vgl. Schorkopf 2013, S. 122).

Damit die Maastrichter Vertragsbestimmungen „nicht mechanistisch" angewandt würden (Schröder 2005), verständigte sich der Europäische Rat unter dem Druck der Defizitsünder Deutschland und Frankreich trotz schwerwiegender Bedenken der Europäischen Zentralbank Anfang 2005 auf eine Aufweichung der Sanktionsmechanismen. Ausnahmen vom Drei-Prozent-Gebot wurden großzügiger definiert, die Fristen zur Erfüllung von Konsolidierungsauflagen flexibilisiert und so genannte „sonstige Faktoren" – wie zum Beispiel Ausgaben für Forschung und Innovation, Entwicklungshilfe und Rüstung, Abführungen an die EU, Kosten der deutschen Einheit und von Rentenreformen – als Sanktionshindernisse eingeführt. Zudem sollten bei „unerwarteten Ereignissen" Verfahrensschleifen, also Wiederholungen der Empfehlungen zur Defizitkorrektur und der Empfehlungen beim In-Verzug-Setzen, eingelegt werden können.

Trotz dieses empfindlichen Dämpfers für die Stabilitätspolitik empfahl die Kommission 2006 mit Blick auf die Daten für das Jahr 2005 die Wiederaufnahme des Defizitverfahrens gegen Deutschland. Dieses Mal folgte der EcoFin-Rat der Empfehlung und setzte die Bundesrepublik in Verzug. Im Sommer 2006 erklärte sie indes, die erforderlichen Maßnahmen getroffen zu haben, um im Haushaltsjahr

2007 unter die Drei-Prozent-Grenze zu gelangen. Dank einer günstigen Konjunktur unterschritt die Bundesrepublik tatsächlich bereits 2006 das Verschuldungslimit mit einem Defizit von minus 1,9 % des BIP. Daraufhin stellte der EcoFin-Rat das Verfahren ein. Auch gegen andere Mitgliedstaaten wurden noch nie Sanktionen verhängt.

Deutsche Staatsverschuldung in der Währungsunion

6

Auch nach Inkrafttreten der europäischen Wirtschafts- und Währungsunion setzte sich die Politik kontinuierlicher Nettoneuverschuldung in Deutschland zunächst fort – allerdings konnte im Haushaltsjahr 2000 ein Überschuss erzielt werden, der indes allein auf hohe und einmalige Einnahmen aus UMTS-Lizenzen zurückzuführen war. Zwischen 2003 und 2005 überschritten die Defizite viermal die Drei-Prozent-Grenze (vgl. Abb. 6.1). 2007 wies der öffentliche Gesamthaushalt dank einer ausnehmend guten konjunkturellen Situation erstmals seit mehr als 30 Jahren kein Defizit auf, ohne dass Sonderfaktoren eine Rolle gespielt hätten. Die weltweite Finanzkrise, die im darauffolgenden Jahr von dem Untergang des US-amerikanischen Bankhauses Lehman Brothers Holdings Inc. ausging, veranlasste die bundesdeutschen Exekutiven zu massiven Interventionen in die krisengeschüttelte Marktwirtschaft. Kostenträchtige Maßnahmen zur Bankenrettung (Finanzmarktstabilisierungsgesetz von 2008) und zwei „Konjunkturpakete" (2008 und 2009) trieben das Defizit abermals über die Drei-Prozent-Grenze des Maastrichter Vertrages hinaus, so dass sich die Bundesrepublik in den Jahren 2009 und 2010 abermals einem Defizitverfahren auf europäischer Ebene ausgesetzt sah. Weil die Bundesregierung trotz verbaler Bekenntnisse zu neoliberalen Konzepten in der Krise keynesianisch agierte, zogen aber Konjunktur und Staatseinnahmen wieder an. 2012 stellte die EU-Kommission das Verfahren ein. In jenem Jahr, 2013 und 2014 wies der öffentliche Gesamthaushalt Überschüsse auf. Laut ihrer aktuellen Finanzplanung will die Bundesregierung bis einschließlich 2019 Bundeshaushalte ohne Nettoneuverschuldung vorlegen.

Solche Erfolgsmeldungen und Zukunftswünsche verbergen, dass sich die Verschuldung des öffentlichen Sektors seit Bildung der Währungsunion tendenziell weiter nach oben entwickelte (vgl. Abb. 6.2). Das Gesamtbild kaschiert überdies die erheblichen Unterschiede, die auf der Ebene der Länder und zwischen den Kommunen bestehen. So wies die Pro-Kopf-Verschuldung der deutschen Flächen-

© Springer Fachmedien Wiesbaden 2016
S. Bajohr, *Die Schuldenbremse*, essentials, DOI 10.1007/978-3-658-11324-7_6

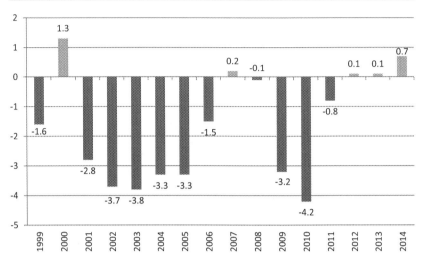

Abb. 6.1 Defizitquoten der BRD 1999–2014 (in Prozent des BIP). (Quelle: Europäische Zentralbank)

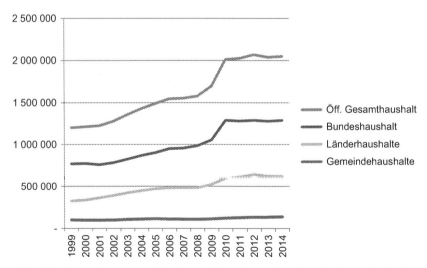

Abb. 6.2 Verschuldung des öffentlichen Gesamthaushalts, des Bundeshaushalts, der Länder- und der Gemeindehaushalte 1999–2014 (in Millionen €). (Quelle: Statistisches Bundesamt)

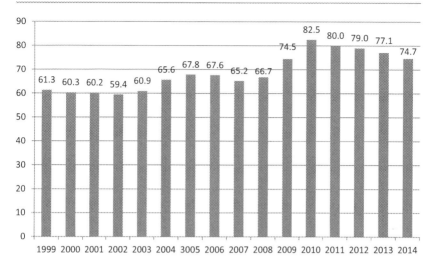

Abb. 6.3 Schuldenstandquoten der BRD 1999–2014 (in Prozent des BIP). (Quelle: Europäische Zentralbank)

länder bei nicht-öffentlichen Gläubigern nach Angaben des Statistischen Bundesamtes im Jahre 2013 eine Spreizung von 3.200 € in Bayern bis 16.860 € im Saarland auf. Bei den Kommunen sieht es ähnlich aus: Von den 103 kreisfreien Städten in Deutschland hatte Darmstadt im Jahre 2012 mit 12.622 € die höchste, Jena mit 0 € die niedrigste Pro-Kopf-Verschuldung. Unter den Landkreisen wiesen Ende des Jahres 2012 die hessischen mit 1.793 € die höchste, die sächsischen mit 244 € die niedrigste Pro-Kopf-Verschuldung aus.

Besorgnis erregend bleibt die deutsche Schuldenstandquote. Diesbezüglich erfüllte die Bundesrepublik das Konvergenzkriterium seit dem Start der Währungsunion erst einmal: im Jahre 2002 (vgl. Abb. 6.3). Seit 2009 beträgt die deutsche Schuldenstandquote 75 und mehr Prozent des Bruttoinlandsprodukts. Zu Beginn und in den ersten Jahren der Währungsunion war das Konvergenzkriterium Schuldenstandquote nicht sanktionsbewehrt. Dementsprechend wenig Beachtung wurde ihm von den Teilnehmerstaaten geschenkt.

Da der öffentliche Sektor seinen Kreditbedarf vor und nach Beginn der Währungsunion nicht bei der Deutschen Bundesbank bzw. bei der Europäischen Zentralbank decken durfte bzw. darf, war und ist er auf private Kreditgeber angewiesen. Kredite auf der Grundlage privatwirtschaftlicher Verträge verpflichten aber in der Regel nicht nur zur späteren Tilgung der Schuld, sondern auch zu fortlaufenden Zinszahlungen. Sie führen dazu, dass sich der öffentliche Sektor bald nicht mehr

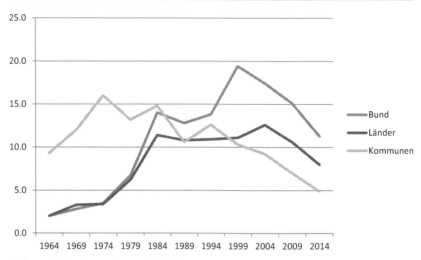

Abb. 6.4 Zins-Steuer-Quoten 1964–2014. (Quelle: Statistisches Bundesamt)

verschuldet, um Investitionen zu tätigen und den öffentlichen Kapitalstock zu vermehren. Die raue Realität der öffentlichen Finanzwirtschaft zwingt ihn zur Kreditaufnahme, um seinen Schuldendienstverpflichtungen nachkommen zu können (vgl. Abb. 4.1) – die Verschuldung nährt sich aus sich selbst heraus (vgl. Deutsche Bundesbank 1997, S. 30). Der öffentliche Sektor verschuldet sich also nicht um der Zukunft, sondern um der Vergangenheit willen.

Mit welcher Konsequenz die Zinszahlungen große Anteile des Steueraufkommens absorbieren, zeigt die Entwicklung des Anteils der Zinsausgaben an den Steuereinnahmen: Belief sich die Zins-Steuer-Quote des Bundes im Jahre 1969 noch auf 2,8 %, so waren es 1989 bereits 12,8 %. 2004 wurden es sogar 17,4 %. Bei den Ländern wuchs die Zins-Steuer-Quote von 3,3 (1969) auf 10,8 (1989) und auf 12,6 % (2004). Allein bei den Kommunen vollzog sich eine gegenläufige Entwicklung.

2014 belief sich die Zins-Steuer-Quote des Bundes auf 11,3, die der Länder auf 8,0 und die der Kommunen auf 4,9 % (vgl. Abb. 6.4). Dieser Rückgang ist aber kaum etwaigen Nettotilgungen zu verdanken, sondern historisch einmalig niedrigen Leitzinssätzen der Europäischen Zentralbank (vgl. 2014, S. S7). Diese Niedrigzinspolitik kann sich abrupt und mit erheblichen Folgelasten für die öffentlichen Haushalte und für die Zins-Steuer-Quote ändern. Aber selbst unter den gegenwärtig günstigen Bedingungen auf den Kreditmärkten kamen im Jahre 2014 rund 57 Mrd. € nicht den Gebietskörperschaften und ihrer Aufgabenerfüllung zugute, sondern verschwanden in den Kassen Kredit gebender Kapitalsammelstellen und Vermögensbesitzer/innen – ohne dass darüber eine politische Entscheidung möglich gewesen wäre. Hätten bisherige Parlamente und Regierungen ihre Politik nicht durch Verschuldung finanziert oder hätten sie im Boom Konjunkturrücklagen für die Krisenintervention gebildet, stünden heute mehr Mittel für Bildung und Weiterbildung, Umweltschutz und Integration, Armutsbekämpfung und Forschung zur Verfügung.

Aber diese explizite Staatsverschuldung, die wir kennen, ist nicht das einzige Problem. Mindestens ebenso gravierend ist die implizite Staatsverschuldung, die deutlich höher ist als die explizite (vgl. Görgens et al. 2014, S. 389 f.). In der herkömmlichen Darstellungsweise der öffentlichen Haushalte (Kameralistik) verschwindet die implizite Staatsverschuldung wie auf einer nur halb erleuchteten Bühne eines Magiers. Sie umfasst aber ein bedrohliches Bündel künftiger Verpflichtungen. Dazu zählen die Risiken aus Bürgschaften und Gewährleistungen, die ohne Vorwarnung mit mehrstelligen Milliardenbeträgen zu Buche schlagen können (vgl. Sturm 1993, S. 11). Zur impliziten Staatsverschuldung gehören auch sämtliche Verpflichtungen öffentlicher oder aller privatrechtlich verfassten Unternehmen und Stiftungen, für die die öffentlichen Haushalte letzten Endes geradestehen müssen. Auch über mögliche Folgekosten, die öffentlichen Haushalten aus Leasingverträgen und öffentlich-privaten Partnerschaften drohen, liegt keine vollständige Übersicht vor. Haushälterisch ebenso wenig erfasst sind Kosten aufgrund von Risiken, auf die der öffentliche Sektor gegebenenfalls reagieren muss: Kernkraftwerkshavarien, Leckagen in Sondermülldeponien, Massenerkrankungen, Folgen des Klimawandels usw. Nicht einmal die Versorgungsansprüche von Beamt/innen, Richter/innen und Soldat/innen schlagen sich in den kameralen Haushalten nieder.

Der Bund und die meisten Länder kennen also weder ihr Vermögen noch ihre gesamten Verbindlichkeiten und damit auch nicht ihr Eigenkapital. Sie könnten künftigen Generationen Erblasten hinterlassen, für deren finanzielle Bewältigung sie nicht vorgesorgt haben und die die Nachfolgenden faktisch nicht ausschlagen, aber möglicherweise auch nicht tragen können. Um keine Generation vom Wohlstand auszuschließen, sollten Standards entwickelt und durchgesetzt werden, die dafür sorgen, dass „jede Generation ihren gerechten Teil von ihren Vorfahren empfängt und ihrerseits die gerechten Ansprüche ihrer Nachfahren erfüllt" (Rawls 1975, S. 322). Das Konzept der Generationenbilanzierung („generational accounting") will diese Aufgabe lösen, indem es sämtliche Zahlungsströme erfasst, die zwischen heutigen und zukünftigen Wirtschaftssubjekten auf der einen und dem öffentlichen Sektor auf der anderen Seite fließen. Nur wenn sich dabei herausstellt, dass der Gegenwartswert aller heutigen und zukünftigen Ausgaben durch den Gegenwartswert aller heutigen und zukünftigen Einnahmen gedeckt wird, komme die Politik den gegenwärtigen Bedürfnissen nach, ohne die Fähigkeit künftiger Generationen zur Befriedigung ihrer eigenen Bedürfnisse zu beeinträchtigen. Die diesbezügliche Lücke des bundesdeutschen Gesamthaushalts variiert aktuellen Berechnungen zufolge zwischen 2,2 und 6,2 % des Bruttoinlandsprodukts (vgl. Sachverständigenrat 2014, S. 306).

Föderalismusreform II: ein neues Kreditverfassungsrecht

7

Die so genannte Schuldenbremse, also das Ergebnis der Reform des deutschen Kreditverfassungsrechts von 2009, ist nicht, wie manche meinen (vgl. für viele Gerginov 2013, S. 21), eine Schlussfolgerung aus der Finanz- und Staatsschuldenkrise ab 2008. Diese hätte ja angesichts des Wirkens der erwähnten keynesianisch inspirierten Konjunkturprogramme eher in anderer Richtung ausfallen müssen. Nein, die Schuldenbremse ist das Ergebnis des neoliberalen Staatsverständnisses, das den privaten Nutzen voranstellt und den öffentlichen Sektor daran hindern will, das Allgemeininteresse an ausreichenden öffentlichen Leistungen vor allem in den Bereichen Gesundheit und soziale Sicherheit, Chancengleichheit und Bildung, Umweltschutz und Kultur zu realisieren. Die strikte Schuldenregel sollte in Kraft gesetzt werden, um Staat und Kommunen daran zu hindern, die eingeschlagene Steuersenkungspolitik der vergangenen Jahrzehnte durch Krediteinnahmen auszugleichen. Am Ende des Weges soll „eine neue Stabilitätskultur" (Institut der Wirtschaft 2014) stehen, in der sich der öffentliche Sektor den privatwirtschaftlichen Interessen allein schon deshalb zu beugen hat, weil ihm die finanziellen Mittel zum Gegensteuern fehlen.

Die Wurzeln der Schuldenbremse reichen weiter zurück als bis zum Ausbruch der Finanz- und Staatsschuldenkrise. Bereits Ende 2006 setzten Bundestag und Bundesrat eine Gemeinsame Kommission zur Modernisierung der Bund-Länder-Finanzbeziehungen ein. Im darauffolgenden März konstituierte sich eine 32-köpfige „Föderalismuskommission II", die sich sehr bald darauf verständigte, im Wesentlichen das Staatsschuldenrecht umzubauen und die Behandlung anderer Fragen der Bund-Länder-Finanzbeziehungen zu vertagen. Im selben Jahr sprachen sich der Wissenschaftliche Beirat beim Bundesfinanzministerium und der Sachverständigenrat zur Begutachtung der gesamtwirtschaftlichen Entwicklung für eine Kreditverfassungsregel nach dem Vorbild der Schweizer Schuldenbremse von 2001 aus (Sachverständigenrat 2006, S. 311 ff.; Wissenschaftlicher Beirat 2007).

© Springer Fachmedien Wiesbaden 2016
S. Bajohr, *Die Schuldenbremse, essentials*, DOI 10.1007/978-3-658-11324-7_7

Dagegen mahnte aber das Bundesverfassungsgericht, dass „eine unkontrollierte Talfahrt öffentlicher Finanz- und Haushaltswirtschaft [...] nicht so sehr durch rechtspolitische Forderungen nach besseren Bremsen verlangsamt" werde, „sondern zuallererst durch die Betätigung der bereits vorhandenen Bremsen" (Bundesverfassungsgericht 2008, S. 155). Dennoch setzte sich unter dem Eindruck der Weltwirtschaftskrise um die Jahreswende 2008/09 die Meinung durch, dass eine Reform der Kreditverfassungsbestimmungen „langfristig die Tragbarkeit der öffentlichen Schulden" sicherstellen müsse (Ohler 2009, S. 1265). Diesem Ziel und dem Ziel, die deutschen Verschuldungsregeln europatauglich zu machen, sollten

- neue Verschuldungsgrenzen (Art. 109 und 115 GG),
- die Haushaltsüberwachung durch einen Stabilitätsrat (Art. 109a GG),
- Übergangsregelungen (Art. 143d Abs. 1 GG) und
- Konsolidierungshilfen (Art. 143d Abs. 2 GG)

dienen.

7.1 Verbot der strukturellen Neuverschuldung

Der neue Art. 109 GG bestätigt die prinzipielle Selbstständigkeit und Unabhängigkeit der Haushaltswirtschaften von Bund und Ländern. Er verpflichtet sie, gemeinsam die europarechtlich fixierte Haushaltsdisziplin einzuhalten und – wie bisher – dem gesamtwirtschaftlichen Gleichgewicht Rechnung zu tragen. Deutlicher als Art. 115 GG a.F. betont Art. 109 GG den Ausnahmecharakter von Kreditaufnahmen, indem er statuiert, dass die Haushalte von Bund und Ländern „grundsätzlich ohne Einnahmen aus Krediten auszugleichen" seien. Lediglich bei erheblichen Abweichungen von der konjunkturellen „Normallage" sowie im Falle von Naturkatastrophen und außergewöhnlichen Notsituationen sollen konjunktur- bzw. notlagenbedingte Nettokreditermächtigungen zulässig sein. Während die Länder keine strukturellen Kredite aufnehmen dürfen, gelten Bundeshaushalte schon dann als ohne Krediteinnahmen ausgeglichen, wenn die strukturellen Kredite maximal 0,35 % des Bruttoinlandsproduktes ausmachen. Die Bestimmungen des Sanktionszahlungs-Aufteilungsgesetzes wurden in Art. 109 Abs. 5 GG übernommen.

Anders als Art. 109 GG, der sich an den Bund und an die Länder richtet, betrifft der neue Art. 115 GG allein den Bund. Er verlangt – wie bisher -, dass die Aufnahme von Krediten sowie die Übernahme von Bürgschaften, Garantien oder sonstigen Gewährleistungen „einer der Höhe nach bestimmten oder bestimmbaren Ermächtigung" durch die Legislative bedürfen. Dieser Maximalwert darf nicht überschritten werden und ist insoweit justiziabel (vgl. Ryczewski 2011, S. 179). Art. 115 GG wiederholt die in Art. 109 GG dargelegte Sichtweise, dass der Bundeshaushalt schon dann als ohne Krediteinnahmen ausgeglichen gilt, wenn sein strukturelles Defizit 0,35 % des Bruttoinlandsproduktes (2014: rund 10,2 Mrd. €) nicht überschreitet[1], und er wiederholt die Möglichkeiten von Ausnahmen für eine konjunkturell oder notlagenbedingte Nettoneuverschuldung.

Die Sozialversicherungen und die Kommunen sind wegen „sowohl inhaltlich als auch in der zeitlichen Abfolge unerfüllbare[r] Informationsanforderungen" von den Regelungen der Schuldenbremse ausgenommen (Deutscher Bundestag 2009a, S. 10 f.). Dahingegen werden die Sondervermögen des Bundes und der Länder, die nach Art. 115 GG a.F. und nach den entsprechenden landesverfassungsrechtlichen Bestimmungen nicht an eine Kreditobergrenze gebunden waren, jetzt einbezogen (Maunz und Dürig 2011a, Rn. 11). Ausnahmen gelten allerdings für Kreditermächtigungen von Sondervermögen, die vor Ende des Jahres 2010 eingerichtet wurden (vgl. Art. 143d Abs. 1 GG).

Übergangsregelungen besagen, dass die neuen Art. 109 und 115 GG seit dem Haushaltsjahr 2011 anzuwenden sind, dass aber der Bund bis zum Ende des Haushaltsjahres 2015 und die Länder bis zum Ende des Haushaltsjahres 2019 von den Vorgaben abweichen dürfen. Allerdings sollen sie defizitsenkende Vorkehrungen treffen, damit die neuen Regeln ab 2016 bzw. ab 2020 uneingeschränkt greifen können (vgl. Art. 143d Abs. 1 GG).

Man sieht, dass Art. 109 und 115 GG zwar den Grundsatz postulieren, Staatshaushalte ohne Kreditaufnahmen aufzustellen und auszuführen, dass sie aber zugleich Möglichkeiten eröffnen, die Neuverschuldungspolitik der Vergangenheit – in veränderter Form – fortzusetzen. Das gilt zuallererst für den Bund, dem es gestattet wird, Jahr für Jahr Kredite in Höhe von bis zu 0,35 % des Bruttoinlandsprodukts aufzunehmen, ohne dass dies einer besonderen Rechtfertigung bedürfte. Dabei soll es sich ausschließlich um Kredite zum Ausgleich eines so genannten strukturellen Defizits handeln, also eines Defizits, das in einer wirtschaftlichen „Normallage" auftritt, dauerhaft und weder konjunkturell noch durch eine außergewöhnliche Notlage bedingt ist „und sich nicht im Lauf eines Konjunkturzyklus' selbstständig wieder abbaut" (Schiller 2013, S. 76). Aber die freigebige Unbedenklichkeitserklärung, die mit der 0,35-Prozent-Regel verbunden ist, hat es durchaus in sich. Denn dadurch kann die Verschuldung des Bundes Jahr für Jahr zunehmen und sich in einem Jahrzehnt auf gut 100 Mrd. € summieren. Das mag so lange

---

[1] Die Höhe des strukturellen Defizits berechnet sich durch Bereinigung der Einnahmen und Ausgaben des Bundeshaushalts von Konjunktureinflüssen und finanziellen Transaktionen wie zum Beispiel Verkäufen nichtfinanzieller Forderungen, Erlösen aus Versteigerungen öffentlicher Lizenzen oder Steueramnestien.

hinnehmbar sein, solange das Wirtschaftswachstum 0,35% übersteigt, weil die Schuldenstandquote – vorausgesetzt, es kommen nicht konjunkturelle oder notlagenbedingte Nettokreditaufnahmen hinzu – dann sogar sinkt. Wächst die Wirtschaft allerdings um weniger als 0,35% oder tritt gar eine Rezession ein, verkehrt sich ein vermeintlicher Vorteil in einen eindeutigen Nachteil. Bedenklich ist in diesem Zusammenhang, dass der in Art. 115 Abs. 2 Satz 5 GG benutzte Begriff „Regelgrenze" den Eindruck erweckt, der strukturelle Verschuldungsspielraum könne gleichsam automatisch in Anspruch genommen werden (Thye 2010, S. 35). Das wurde zwar von den Fraktionen der CDU/CSU und der SPD in ihrem verfassungsändernden Gesetzentwurf zur Schuldenbremse zurückgewiesen (Deutscher Bundestag 2009a, S. 6). Aber dafür, dass das strukturelle Defizit einen jährlich wiederkehrenden, pauschalierten Investitionsspielraum schaffen soll (vgl. Ebert 2013, S. 82), spricht doch, dass sein Volumen ein „vermutetes Mindestniveau beständig getätigter Zukunftsinvestitionen" (Seiler 2009, S. 723) widerspiegelt.

Warum diese „goldene Regel" allerdings allein dem Bund und nicht den Ländern zugutekommen soll, denen die strukturelle Nettoneuverschuldung untersagt wird, ist nicht ersichtlich. Keynesianisch orientierte Ökonomen warnten deshalb frühzeitig, dass „die aktive Zukunftsvorsorge unter die Räder kommt", wenn die Länder „daran gehindert werden, sich für Zukunftsinvestitionen zu verschulden" (Bofinger und Horn 2009). Während der Verhandlungen in der Föderalismuskommission II war daher tatsächlich daran gedacht worden, ihnen das Recht auf ein strukturelles Defizit in Höhe von 1,5% des Bruttoinlandsprodukts einzuräumen. Dies wurde auf Druck Bayerns allerdings fallengelassen (vgl. Deutscher Bundestag 2009b, S. 23376; Mayer 2014, S. 26).

7.2 Konjunkturelle Verschuldung

Die konjunkturelle Komponente für die Kreditaufnahme, die neben dem Bund auch den Ländern offensteht, ist symmetrisch ausgestaltet. Dahinter steht die „naive" (Friauf und Höfling 2010, Rn. 98) Vorstellung, wonach Konjunkturzyklen sinusförmige und vorhersehbare Auf- und Abschwünge aufweisen (Magin 2010, S. 265), die sich ausgleichen (Deutscher Bundestag 2009a, S. 7) – unabhängig davon, dass symmetrische Auf- und Abschwünge innerhalb eines Konjunkturzyklus empirisch nicht belegt sind und dass niemand ihre Dauer und Größenordnung vorhersagen kann. Art. 109 Abs. 3 Satz 2 GG eröffnet bei „einer von der Normallage abweichenden konjunkturellen Entwicklung" die Möglichkeit, Kredite aufzunehmen, um auch weiterhin „eine aktive antizyklische Finanzpolitik betreiben und die automatischen Stabilisatoren wirken lassen zu können" (Seiler 2009, S. 723). Was aber ist eine Normallage? Das Grundgesetz enthält keine Definition. § 5 Abs. 2 Satz 1 Artikel 115-Gesetz besagt, dass die Konjunktur von der Normallage abweiche, wenn die gesamtwirtschaftlichen Produktionskapazitäten über- oder unterausgelastet sind, wenn also eine Produktionslücke auftrete. Im Umkehrschluss lässt sich folgern, dass eine Normallage dann besteht, wenn die Produktionskapazitäten weder über- noch unterausgelastet sind. Ob das jemals der Fall sein kann, mag dahingestellt bleiben. Eine Produktionslücke soll jedenfalls dann vorliegen, „wenn das auf der Grundlage eines Konjunkturbereinigungsverfahrens zu schätzende Produktionspotenzial vom erwarteten Bruttoinlandsprodukt [...] abweicht" (§ 5 Abs. 2 Satz 2 Artikel 115-Gesetz). Das vom Bund gewählte Konjunkturbereinigungsverfahren zur Ermittlung der Obergrenze für eine konjunkturell bedingte Nettoneuverschuldung (d. i. die Konjunkturkomponente) entspricht der im europäischen Haushaltsüberwachungsverfahren genutzten Prozedur (vgl. § 2 Abs. 2 Artikel 115-VO). Es soll fortlaufend unter Berücksichtigung des Standes der Wissenschaft überprüft und weiterentwickelt werden. Länder, die keine Konsolidierungshilfen erhalten (vgl. 7.7), müssen diese Methode aber nicht übernehmen.

Die „getroffenen Regelungen sind außerordentlich kompliziert und ohne wirtschaftswissenschaftlichen Sachverstand kaum" (Friauf und Höfling 2010, Rn. 99) und „selbst für den Fachmann nur schwer" (Frankfurter Allgemeine Zeitung 2009) zu verstehen. Gefragt sind aufwändige Schätzungen, Prognosen und Berechnungen. Einfach ist es noch mit dem zugrunde zu legenden Bruttoinlandsprodukt. Es wird vom Statistischen Bundesamt ermittelt. Aber schon das Produktionspotenzial einer Volkswirtschaft ist „not a firm, precise measure" (Okun 1970, S. 132), sondern muss in einem Konjunkturbereinigungsverfahren prognostisch ermittelt werden. Da kann es kaum verwundern, dass zahlreiche, in den Ergebnissen voneinander abweichende Schätzverfahren zur Ermittlung der Produktionslücke angeboten werden (vgl. Thye 2010, S. 82). Die aus der Differenz von Produktionspotenzial und Bruttoinlandsprodukt abgeleitete Produktionslücke ist folglich eine nicht beobachtbare Größe. Sie wird, um die Konjunkturkomponente – also das Maß, in dem eine konjunkturell bedingte Nettoneuverschuldung zulässig sein soll – zu erhalten, mit der Budgetsensitivität multipliziert, die angeben soll, wie sich Einnahmen und Ausgaben eines öffentlichen Haushalts bei einem Umschwung der gesamtwirtschaftlichen Aktivität verändern. Obgleich die OECD zur Bestimmung der Budgetsensitivität ein Berechnungsverfahren entwickelt hat (Kastrop und Snelting 2008, S. 377), bleibt sie eine „anhand eines ökonometrischen Verfahrens geschätzte Größe" (Brunton 2013, S. 121) und also „fragwürdig und schillernd" (Maunz und Dürig 2011, Rn. 188). Das aber birgt ernst zu nehmende Probleme für den Haushaltsgesetzgeber: Wie sollen Abgeordnete verantwortlich über die Zukunft der öffentlichen Finanzwirtschaft entscheiden, wenn sie nicht beurteilen können, ob für die Berechnung der Konjunkturkomponente der HP-Filter, die Produktionsfunktionsmethode der EU, der Baxter-King-Filter oder die Blanchard-Quah-Methode (vgl. Hetschko et al. 2012, S. 6) am besten geeignet sind? Wie sollen sie Schätzergebnisse in Haushaltsgesetze gießen, wenn sie nicht abmessen können, wie, wann und wodurch diese „auf kleinere, kaum objektivierbare Modellierungsentscheidungen" reagieren (vgl. Deutsche Bundesbank 2011, S. 30)? Woher sollen sie wissen, ob und wie stark die Exekutiven Einfluss auf die Bildung von Annahmen, auf die Entstehung der Daten, auf Berechnungsweisen und auf Ergebnisse genommen haben? Wer bürgt dafür, dass eine Produktionslücke tatsächlich negativ einzuschätzen (vgl. Billmeier 2009, S. 397), dass also eine Aufnahme von Krediten überhaupt zulässig ist? Wann kann überhaupt ein etwaiger Verstoß gegen das Symmetriegebot bzw. gegen die Verfassung festgestellt werden? Sicher nicht nach nur einem Haushaltsjahr, sondern wahrscheinlich erst am Ende eines (noch zu definierenden) Konjunkturzyklus.

All dies weist auf einen zentralen Konstruktionsfehler der Schuldenbremse hin: auf die Gefahr einer Entmündigung von Politik. Wirtschaftswissenschaftliche Lehrmeinungen, Lehrstühle und Institute (vgl. Lenz und Burgbacher 2009, S. 2563) sowie Heerscharen von Ministerialbeamt/innen drohen an die Stelle politischer Abwägung und Entscheidung zu treten. Damit erfährt die vor Jahrzehnten verworfene Überlegung, eine von Parlamenten und Regierungen unabhängige Instanz über die Zulässigkeit staatlicher Kreditaufnahme befinden zu lassen (vgl. Stern 1982, S. 36), eine bizarre Renaissance. Politik ist aber kein ökonomisches Seminar und keine Funktion ökonometrischer Kausalketten. Die Komplexität der Berechnung der Abweichungen von der sog. Normallage und die Gestaltungsanfälligkeit des Verfahrens schließen die meisten Abgeordneten vom Diskurs über die Lageeinschätzung und die daraus zu ziehenden haushaltswirtschaftlichen Konsequenzen aus. Davon aber könnte das parlamentarische Budgetrecht tangiert sein. Dieses „Königsrecht" (vgl. Deutscher Bundestag 2011, S. 2) des Parlaments ist nicht schon dann gewährleistet, wenn die Vorfassung das Erfordernis einer gesetzlichen Ermächtigung für die Aufnahme von Krediten enthält. Es wird auch nicht erst dann beschädigt, wenn – wie zu Bismarcks Zeiten – eine Heeresreform am Parlament vorbei finanziert werden soll, sondern es wird bereits beeinträchtigt, wenn die Abgeordneten nicht mehr ohne Anleitung von außen den Haushaltsplan aufstellen und den Rechnungsabschluss überprüfen können. Wenn außerdem eine Klage der parlamentarischen Opposition vor dem Verfassungsgericht schon deshalb aussichtslos ist, weil die „Justitiabilität der Verschuldungsgrenze [...] von ökonomischen Bewertungen [abhängig ist], die nur eingeschränkt richterlicher Kontrolle zugänglich sind" (vgl. Mayer 2011, S. 319), ist nicht mehr auszuschließen, dass die Schuldenbremse „die aus der Volkssouveränität folgende Staatsleitung durch das Parlament" (Waldhoff 2007, S. 911) desavouiert.

Die zulässige Kreditsumme gliedert sich in einen strukturellen (0,35 % des Bruttoinlandsprodukts) und in einen konjunkturellen Teil. Nach Abschluss eines Haushaltsjahres werden die bei Haushaltsaufstellung und -verabschiedung verwendeten Schätzdaten mit den definitiven Werten verglichen, um die tatsächlich zulässige Kreditaufnahme zu bestimmen. Positive oder negative Abweichungen der Planzahlen von den Ist-Ergebnissen sollen auf einem Kontrollkonto verbucht werden. (Die Länder sind nicht zur Führung eines Kontrollkontos verpflichtet). Damit wird der jahrzehntelange Streit, ob der Haushaltsplan oder der Haushaltsvollzug die Obergrenze der Kreditaufnahme markiere, zugunsten des Haushaltsvollzuges entschieden (vgl. Deutscher Bundestag 2009a, S. 12 f.). Dies entspricht dem Europäischen Stabilitäts- und Wachstumspakt, wonach das tatsächliche Haushaltsergebnis maßgebend ist für die Berechnung der Defizite. Fällt die im Nachhinein als zulässig berechnete Kreditermächtigung niedriger aus als die im Haushaltsgesetz aufgrund des prospektiven Konjunkturbereinigungsverfahrens als zulässig eingeräumte Ermächtigung und als die darauf gestützte Nettokreditaufnahme, vermindert sich die Kreditermächtigung des nächsten Haushaltsjahres um eben *den* Betrag, um den die prognostische Kreditermächtigung über der nachträglich errechneten lag (und umgekehrt). Erreicht die Summe auf dem Kontrollkonto ein Volumen von 1,5 % des Bruttoinlandsprodukts (2014: 43,6 Mrd. €), muss sie „konjunkturgerecht" zurückgeführt werden. Einfachgesetzlich wurde diese Schwelle sogar auf 1,0 % gesenkt (§ 7 Abs. 3 Artikel 115-Gesetz). Was erst auf den zweiten Blick auffällt: Auf dem Kontrollkonto gebucht und eventuell irgendwann einmal abgebaut werden nur diejenigen Teile konjunktureller Kredite, die über die aufgrund nachträglicher Berechnung zulässige Obergrenze hinausgehen. Die nach dieser Einschätzung „berechtigten" Nettoneuverschuldungsbeträge hingegen steigern die Gesamtverschuldung mit all den aus der alten Kreditverfassungsregel herrührenden Problemen. Noch schlimmer: Die Schuldenbremse erlaubt, auch konsumtive Ausgaben (Ressourcenverbräuche) im Wege der Kreditaufnahme zu finanzieren. Es gebe nun „mehr inhaltliche Flexibilität", freuen sich Mütter und Väter der Schuldenbremse (vgl. Deutscher Bundestag 2009a, S. 6). Sicher, die Anknüpfung der zulässigen Verschuldungsgrenze an die Investitionsausgaben war unbefriedigend. Aber noch gefährlicher ist der Verzicht darauf. Denn jetzt geht mit dem Schuldenaufbau *nicht einmal mehr theoretisch* ein Vermögensaufbau einher. Verschuldungs- und Vermögensentwicklung vollziehen sich zusammenhanglos. Zu besorgen ist, dass die Verschuldung wächst und das Vermögen bestenfalls stagniert. Das aber wäre der Weg in die Überschuldung. Dagegen hilft auch keine Symmetrie-Illusion.

7.3   Naturkatastrophen und andere Notsituationen

Die bereits erwähnten Kredite aufgrund von Naturkatastrophen[2] oder anderen Notsituationen[3] dürfen „nicht das Maß überschreiten, welches erforderlich ist, um die
Krise bei Aktivierung aller übrigen Konsolidierungskräfte zu bewältigen" (Mayer
2014, S. 174). Die Naturkatastrophen und anderen Notsituationen müssen außerge-
wöhnlich sein, sich der Kontrolle des Staates entziehen und den Haushalt erheblich
beeinträchtigen. Der Staat darf nicht die Ursache für den Eintritt der Notlage sein.
Diese Regelung lehnt sich an die europäische Verordnung über die Beschleunigung und Klärung des Verfahrens bei einem übermäßigen Defizit an, die ebenfalls
voraussetzt, dass das Defizit auf ein Ereignis zurückzuführen ist, „das sich der
Kontrolle des betreffenden Mitgliedsstaats entzieht und die staatliche Finanzlage
erheblich beeinträchtigt" (vgl. Art. 2 Abs. 1 VO [EG] Nr. 1467/97). Sie ist indes
keineswegs so klar, wie ihre Schöpfer/innen Glauben machen möchten. Vor allem
die Frage, ob eine schwere Rezession vorliegt oder ein extremer Konjunkturein-
bruch, ob also die konjunkturelle Komponente greift oder die für Notsituationen
konzipierte Komponente, dürfte im Einzelfall kaum wissenschaftlich objektiv zu
beantworten sein (vgl. Hetschko et al. 2012, S. 10). Kreditaufnahmen für Naturkatastrophen und andere Notsituationen dürfen die Obergrenze aus strukturellen
und (gegebenenfalls) konjunkturellen Kreditermächtigungen überschreiten. Der
Beschluss, die Ausnahmeregel des Art. 109 Abs. 3 Satz 2 GG anzuwenden, bedarf
einer Mehrheit der Mitglieder des Bundestages. Gleichzeitig muss das Parlament
einen Tilgungsplan in Gesetzesform beschließen. Die unter solchen Voraussetzungen aufgenommenen Kredite sollen unter Berücksichtigung der konjunkturellen
Situation zeitnah zurückgeführt werden (vgl. Kommission 2009, S. 27). Was darunter zu verstehen ist, entscheidet das Parlament im Einzelfall. Für die Wahl des
Tilgungszeitraums steht ihm eine Einschätzungsprärogative zu, die gerichtlich
kaum überprüfbar ist (vgl. Thye 2010, S. 43). Der Bundestag kann das Gesetz über
den Tilgungsplan später auch ändern.

---

[2] Erdbeben, Hochwasser, Unwetter, Dürre, Massenerkrankungen.

[3] Schadensereignisse von großem Ausmaß und von Bedeutung für die Öffentlichkeit, die
durch Unfälle, technisches oder menschliches Versagen ausgelöst oder von Dritten absicht-
lich herbeigeführt werden, eine plötzliche Beeinträchtigung der Wirtschaftsabläufe in einem
extremen Ausmaß oder ein Ereignis von positiver historischer Tragweite, das einen erheblichen Finanzbedarf auslöst.

7.4 Schuldenbremse für die Länder

Das Verschuldungsverbot des Art. 109 Abs. 3 Satz 1 GG stellt eine „Durchgriffsnorm" dar. Das bedeutet, dass es unmittelbar auch für die Länder gilt, ohne dass die Landtage es bestätigen oder in die eigene Verfassung aufnehmen oder in Gesetze gießen müssen (vgl. Gröpl 2010, S. 402). Dies hat Widerspruch herausgefordert. Vertreter der Landtage in der Föderalismuskommission II bezeichneten die Verankerung eines Verschuldungsverbots der Länder im Grundgesetz als „nicht hinnehmbar[e…] budgetrechtliche Entmachtung" (vgl. Kommission 2008, S. 2). Auch aus der Wissenschaft wurden bereits während des Gesetzgebungsverfahrens Bedenken angemeldet: Das Verschuldungsverbot höhle die Haushaltsautonomie der Länder aus und verstoße damit gegen den Kerngehalt der Bundesstaatlichkeit gemäß Art. 79 Abs. 3 GG (vgl. für viele Fassbender 2009, S. 740). Die Schuldenbremse verkehre das Ziel der Föderalismusreform, nämlich die Stärkung der Eigenständigkeit von Bund und Ländern, geradezu ins Gegenteil (vgl. Korioth 2010, S. 275). Landtagspräsident und Landtag von Schleswig-Holstein – einem Land, das sich bei der Abstimmung über die Verfassungsänderung im Bundesrat der Stimme enthalten hatte – beantragten beim Bundesverfassungsgericht die Einleitung eines Bund-Länder-Streitverfahrens, wurden aber aus formalen Gründen abgewiesen: Die Antragsteller waren gemäß § 68 BVerfGG nicht antragsberechtigt (vgl. Bundesverfassungsgericht 2012, S. 115). Verteidiger/innen der Durchgriffsnorm (vgl. für viele Christ 2009, S. 1338 f.) betonen, die Haushaltsautonomie der Länder gelte „weder unbeschränkt noch" sei „sie unbeschränkbar" (Hancke 2009, S. 626). Der Bund dürfe, um die Verpflichtungen aus dem Europäischen Stabilitäts- und Wachstumspakt zu erfüllen, präventiv tätig werden. Nicht übersehen werden darf dabei auch, dass sich das Verschuldungsverbot für die Länder genau genommen allein auf strukturelle Defizite bezieht. Das Recht, Kredite aus konjunkturellen Gründen und bei Naturkatastrophen und anderen außergewöhnlichen Notsituationen aufzunehmen, bleibt den Ländern unbenommen. Überdies können die Länder – dies wäre zu ergänzen – ihre Einnahmensituation auch ohne stetige Nettoneuverschuldung verbessern, indem sie von ihrer Steuergesetzgebungsbefugnis nach Art. 72 Abs. 1 GG Gebrauch machen und beispielsweise eine Steuer auf nichtgewerblich genutzte Motorschiffe (vgl. Berliner Zeitung 2001) sowie eine Landesvermögensteuer einführen. Auch die Kompetenzen bezüglich der örtlichen Verbrauch- und Aufwandsteuern (Art. 105 Abs. 2a Satz 1 GG) können energischer genutzt werden.

Ab dem Haushaltsjahr 2020 gilt die Schuldenbremse unmittelbar und ausnahmslos. Ein Land kann sich, solange es keine entsprechenden verfassungsrechtlichen oder gesetzlichen Bestimmungen geschaffen hat, weder auf kreditbegründende Abweichungen von der Normallage noch auf Ausnahmen für Naturkatastrophen und andere Notsituationen berufen. Die Übernahme der Schuldenbremse in eine Landesverfassung kann eine eigenständige Wirkkraft über Art. 109 GG hinaus insofern entfalten, als sie den jeweiligen Landtag in seiner Eigenschaft als Haushaltsgesetzgeber Jahr für Jahr erneut auf die Beachtung und Einhaltung der von ihm selbst mit Zwei-Drittel-Mehrheit bestätigten (und nicht nur von der Landesregierung im Bundesrat verabschiedeten) Kreditverfassungsregel verpflichtet. Während Bayern, Bremen, Hamburg, Hessen, Mecklenburg-Vorpommern, Rheinland-Pfalz, Sachsen und Schleswig-Holstein ihre Verfassungen angepasst haben, haben die acht anderen Länder bisher (Stand: Juni 2015) darauf verzichtet. Dadurch, dass sich die Länder mit Verfassungsänderungen Konjunktur- und Notfallkomponenten gegeben haben, ist es ihnen gestattet, unter den verfassungsrechtlich definierten Voraussetzungen auch nach 2020 Kredite aufzunehmen und Regelungen betreffend Kontrollkonten, Berechnungsverfahren für die Kreditobergrenzen und die Bereinigung um finanzielle Transaktionen einzurichten. Schleswig-Holstein hat die Hürde für notlagenbedingte Kreditermächtigungen durch Einfügung eines Zwei-Drittel-Quorums angehoben (Art. 61 Abs. 3 Satz 1 Verf SH); Rheinland-Pfalz gestattet Kreditermächtigungen auch im Falle einer „dem Land nicht zurechenbare[n] Änderung der Einnahme- oder Ausgabesituation" durch Bundes- oder europäisches Recht (Art. 117 Abs. 1 Buchstabe 2b RhPfVerf).

Sollte ein Land auf die Novellierung der Kreditverfassung im Sinne des Art. 109 GG verzichten, würde es der parlamentarischen Opposition das wichtige Kontrollinstrument der Verfassungsklage gegen die Kreditermächtigung in einem Haushaltsgesetz nehmen. Denn eine solche Klage wegen Verstoßes gegen Art. 109 GG vor dem Bundesverfassungsgericht wäre nicht möglich, weil dort weder Landtagspräsidenten noch Landtag (s. o.) noch Landtagsfraktionen antragsbefugt sind. Und das Landesverfassungsgericht wäre der falsche Adressat einer Klage, weil mangels einer einschlägigen Kreditregel kein Verstoß gegen die Landesverfassung vorliegt.

7.5 Schuldenbremse und Kommunen

Gemeinden und Gemeindeverbände sind Teile der Länder (vgl. Waldhoff 2007, S. 824). Dieser Regel folgt die Zurechnung der kommunalen Kreditaufnahmen und Schulden zu den Ländern im Falle von Sanktionszahlungen an die Europäische Gemeinschaft (vgl. § 2 Abs. 2 Satz 2 SZAG). Obgleich die Gemeinden und Gemeindeverbände nicht unmittelbar zur Einhaltung der Schuldenbremse verpflichtet sind, müssen die Länder sie also – im Wege der Kommunalaufsicht – dazu anhalten, bei ihrer Kreditpolitik Art. 109 Abs. 2 GG zu berücksichtigen, damit die Länder ihre Verpflichtungen aus Rechtsakten der Europäischen Union erfüllen können (vgl. Maunz und Dürig 2011, Rn. 69 ff.). Länder mit erheblichen Haushaltsschwierigkeiten könnten daher versucht sein, ihre Bindungen aufgrund der Schuldenbremse dadurch zu erfüllen, dass sie ihren Kommunen kostenintensive Aufgaben übertragen und/oder Verbundmassen im Finanzausgleich und/oder Erstattungen für soziale Leistungen reduzieren (vgl. Bökenkamp 2014, S. 21). Dies hat vor allem die Kommunalpolitik und die kommunalen Spitzenverbände nach Maßregeln zum Schutz der Kommunen rufen lassen. Die hessische Landesverfassung versucht, den Konflikt dadurch zu lösen, dass sie den Anspruch der Gemeinden und Gemeindeverbände auf eine angemessene Finanzausstattung (Art. 137 Abs. 5 Verf HE) in dem Verfassungsartikel bestätigt, der die Kreditaufnahme regelt (Art. 141 Abs. 2 Verf HE). Dennoch kann auch diese Absicherung keinen absoluten Schutz davor bieten, dass die Haushaltskonsolidierung des Landes Gemeinden und Gemeindeverbände belastet. Man kann die Kommunen aber davor bewahren, übermäßig von Konsolidierungsschritten des Landes betroffen zu werden, und man kann ihnen die Teilhabe an deutlichen Einnahmezuwächsen des Landeshaushalts ermöglichen. Dazu gibt es die Empfehlung (vgl. Landtag Nordrhein-Westfalen 2011, S. 19), den übergemeindlichen Finanzausgleich an das Landeshaushaltsvolumen zu koppeln – zum Beispiel dadurch, dass für die Dauer von zehn Jahren ein bestimmter Prozentsatz, pragmatisch orientiert am Durchschnitt der vorangegangenen 15 Jahre, garantiert wird. Um den übergemeindlichen Finanzausgleich flexibel an neue Realitäten anpassen zu können, könnten in Zehn-Jahres-Intervallen Überprüfungen erfolgen, die sich an den Prozentsätzen der dann vorangegangenen 15 Jahre ausrichten.

7.6 Stabilitätsrat

Weil sich einzelne Länder in den letzten Jahren vor der Verabschiedung der Schuldenbremse – nach kaufmännischen Kriterien – überschuldet hatten und die Hilfe des Bundesstaates in Anspruch nehmen wollten, hatte das Bundesverfassungsgericht bereits 1992 und 2006 gefordert, ein Verfahren zur Vermeidung von Haushaltsnotlagen zu schaffen (vgl. Bundesverfassungsgericht 1993, S. 266; 2007, S. 393). Ihre Umsetzung erfuhr diese Aufforderung in Form eines gemeinsamen Organs von Bund und Ländern: des Stabilitätsrates (Art. 109a Nr. 1 GG). Der Stabilitätsrat unterliegt als Institution keinen Weisungen, wenngleich seine Mitglieder weisungsgebunden sein können (vgl. Maunz und Dürig 2011b, Rn. 26 f.). Ein grundlegendes Strukturproblem des Stabilitätsrates besteht darin, dass sich Bund und Länder in diesem Gremium selbst kontrollieren. Mitglieder des Stabilitätsrates sind nämlich die für Finanzen zuständigen Bundes- und Landesminister/innen sowie die/der Bundeswirtschaftsminister/in. Den Vorsitz haben die/der Bundesfinanzminister/in und die/der Vorsitzende der Finanzministerkonferenz inne. Im Unterschied zum aufgelösten Finanzplanungsrat sind die Kommunen nicht im Stabilitätsrat vertreten. Diese Entscheidung mag, weil die Schuldenbremse die Gemeinden und Gemeindeverbände ausnimmt und die Haushaltswirtschaften der Kommunen nicht vom Stabilitätsrat (sondern von den Kommunalaufsichtsbehörden der Länder) überwacht werden, konsequent sein; da die Kommunalfinanzen aber von der Haushaltslage der Länder abhängen, die der Schuldenbremse unterliegen, werden sie mittelbar von ihr betroffen. Insoweit wäre mindestens eine regelmäßige beratende Beteiligung der Kommunen angezeigt. Von Nachteil ist auch, dass dem Stabilitätsrat keine Vertreter/innen der Rechnungshöfe angehören, „deren Unabhängigkeit und Sachkenntnis den Beratungen und Entscheidungsfindungen des Gremiums zugutekommen könnten" (Korioth 2010, S. 281).

Der Stabilitätsrat überwacht die Haushalte und die unselbständigen Sondervermögen des Bundes und der Länder, die Durchführung von Sanierungsmaßnahmen und die Einhaltung der Obergrenze des strukturellen gesamtstaatlichen Finanzierungsdefizits. Bund und Länder müssen dem Stabilitätsrat jährlich über ihre aktuelle und mittelfristig geplante Haushaltslage berichten. Dabei stehen vier Kennziffern im Mittelpunkt der Beobachtung:

• zum einen die Differenz der Gesamteinnahmen und -ausgaben, modifiziert um positive oder negative Konjunktureffekte und finanzielle Transaktionen (also der strukturelle Finanzierungssaldo, der gemäß § 51 Abs. 2 HGrG 0,5 % des Bruttoinlandsprodukts nicht überschreiten darf), sowie die Kreditfinanzierungsquote. Diese beiden Kennziffern vermitteln einen Eindruck von der kurzfristigen Haushaltslage.
• zum anderen die Zins-Steuer-Quote und der Schuldenstand. Diese beiden Kennziffern geben Auskunft über die langfristige Entwicklung.

Werden diese Kennziffern oder einige von ihnen überschritten, gilt dies als Warnzeichen. In diesem Fall muss das betreffende Land oder muss der Bund eigenverantwortlich Konsolidierungsanstrengungen definieren und mit dem Stabilitätsrat ein fünfjähriges Sanierungsprogramm vereinbaren. Sind die Vorschläge für das Sanierungsprogramm ungeeignet oder unzureichend oder setzt das betreffende Land oder der Bund das Sanierungsprogramm unzureichend um, fordert der Stabilitätsrat zur verstärkten Haushaltssanierung auf (§ 5 Abs. 3 S. 1 StabiRatG). Sollte ein Sanierungsprogramm scheitern, kann der Stabilitätsrat den Sanierungszeitraum verlängern oder ein neues Sanierungsprogramm vereinbaren (vgl. Ekardt und Buscher 2012, S. 58). Er darf aber nicht in das Haushaltsgebaren der betreffenden Gebietskörperschaft eingreifen. Das Überwachungssystem schießt folglich nicht aus, „dass ein Sanierungsverfahren in eine Endlosschleife von ungenügenden Sparanstrengungen und verstärkten Aufforderungen mündet" (Brunton 2013, S. 130). Allenfalls der Bund besäße das Recht, im Wege des Bundeszwangs (Art. 37 GG) oder der Aufsicht (Art. 84 Abs. 3 GG) gegen ein Land vorzugehen, das dauerhaft und mutwillig gegen die Schuldenbremse verstößt.

Das Fehlen von Sanktionsmöglichkeiten des Stabilitätsrates hat verschiedentlich Kritik ausgelöst (vgl. für viele Häde 2010, S. 570). Ohne Sanktionsmechanismen, die gleichsam automatisch greifen, wenn Sanierungsprogramme nicht ausgeführt werden oder scheitern, werde der Stabilitätsrat „nur sehr begrenzt wirksam […] bleiben" (Deutsche Bundesbank 2011, S. 19 f.). Die Sanktionen dürften auch nicht, wie auf der europäischen Ebene, in Geldleistungen, „sondern müsste[n] in obligatorischen Erhöhungen der Einkommen- und Körperschaftsteuer durch die Körperschaft mit unsolider Haushaltspolitik bestehen" (Korioth 2010, S. 281 f.).

7.7 Konsolidierungshilfen

Um Ländern, die hohe Zinslasten, hohe Schuldenstände und schwierige Haushaltsstrukturen aufweisen, strukturell ausgeglichene Haushalte ab 2020 zu ermöglichen, sieht Art. 143d Abs. 2 GG Konsolidierungshilfen im Umfang von jährlich insgesamt 800 Mio. € für Bremen (300), das Saarland (260), Berlin (80), Sachsen-Anhalt (80) und Schleswig-Holstein (80) vor. Die Hilfen werden im Zeitraum 2011–2019 gezahlt und hälftig aus dem Bundeshaushalt und aus dem Umsatzsteueranteil der Ländergesamtheit finanziert. Die Länder, die Konsolidierungshilfen empfangen, sind verpflichtet, ihre Defizite bis zum Jahresende 2020 vollständig abzubauen. Die Konsolidierungsschritte werden vom Stabilitätsrat überwacht. Ein Land, das das Konsolidierungsziel in einem Haushaltsjahr nicht erreicht, verliert für das betreffende Jahr seinen Anspruch auf Hilfe.

Staatsverschuldung im Euro-Raum

Seit dem Maastrichter Vertrag ist die Verschuldung in den EU-Mitgliedstaaten europarechtlichen Vorschriften unterworfen (Maunz und Dürig 2009, Rn. 21). Trotzdem blieb die allgemeine Wirtschafts- und Finanzpolitik auch nach Verwirklichung der EWWU nationaler Regelung vorbehalten. Die Aufgabe besteht seither darin, eine supranationale, zentrale Währungspolitik mit dezentralen Finanz- und Wirtschaftspolitiken zu koordinieren (Hartmann 1994, S. 79). Die Aussichten dafür schienen gut. Anfang des Jahres 2000 verkündeten die europäischen Staats- und Regierungschefs ihr Ziel, die Europäische Union „zum wettbewerbsfähigsten und dynamischsten wissensbasierten Wirtschaftsraum in der Welt zu machen" und bis 2010 Vollbeschäftigung erreichen zu können (Europäischer Rat 2000). Es kam anders. Schon im Jahr der Ankündigung brachen die Finanzmärkte ein und der konjunkturelle Abschwung begann. In den (heute) 19 Ländern des Euroraums sank das Wachstum des realen Bruttoinlandsprodukts 2003 auf 0,7 % und stürzte in der Finanz- und Schuldenkrise auf minus 4,5 % (2009) ab. Auch 2012, 2013 und 2014 ging die Wirtschaftsleistung zurück.

Das 60 %-Verschuldungskriterium hatte bereits von Anbeginn an wenig Nachachtung gefunden: Belgien, Griechenland und Italien lagen um mehr als 40 Prozentpunkte über der zulässigen Obergrenze. Hier dokumentierten sich die Fehler einer unvollständigen Umsetzung des keynesianischen Konzepts in drastischer Weise (vgl. Tab. 8.1).

Die maximale Defizitquote wurde dahingegen zu Anfang nicht verletzt. Doch weil viele Staaten im Euroraum trotz niedrigen bis negativen Wirtschaftswachstums einen Steuersenkungswettbewerb – gipfelnd in Steuerbefreiungen auf Kosten von EU-Partnerstaaten – zugunsten großer Unternehmen sowie vermögender und sehr vermögender Privathaushalte veranstalteten (Liebert 2011, S. 170 ff.), schrumpften die Überschüsse der öffentlichen Haushalte bzw. wuchsen die Finanzierungsdefizite. Verschuldung, ungenügendes Wirtschaftswachstum und eine von

© Springer Fachmedien Wiesbaden 2016
S. Bajohr, *Die Schuldenbremse*, essentials, DOI 10.1007/978-3-658-11324-7_8

Tab. 8.1 Schuldenstandquoten im Euro-Raum 2000–2014 (in Prozent des BIP). (Quelle: Europäische Zentralbank)

	2000	2005	2010	2014
Belgien	109,3	92,2	95,5	106,5
Deutschland	60,3	67,8	82,5	74,7
Estland			6,7	10,6
Finnland	44,0	41,4	48,6	59,3
Frankreich	57,4	66,7	82,3	95,0
Griechenland	103,9	98,0	148,3	177,1
Irland	39,0	27,4	92,2	109,7
Italien	110,6	106,2	119,2	132,1
Lettland				40,0
Litauen				40,9
Luxemburg	5,6	6,2	19,2	23,6
Malta			68,3	68,0
Niederlande	56,0	52,3	63,1	68,8
Österreich	63,6	63,4	72,0	84,5
Portugal	53,4	63,7	93,5	130,2
Slowakei			41,0	53,6
Slowenien		27,4	38,6	80,9
Spanien	60,4	43,0	61,5	97,7
Zypern			61,3	107,5

Spekulationsblasen ausgehende Bankenkrise verstärkten sich gegenseitig. Unter dem Eindruck wachsender Defizite und Verschuldungsquoten wurde 2005 der „close to balance"-Grundsatz des Stabilitäts- und Wachstumspakts (Europäischer Rat 1997; VO [EG] Nr. 1466/97; VO [EG] Nr. 1467/97), wonach die Mitgliedstaaten Haushalte mit Überschüssen bzw. ohne Kreditaufnahme anstreben sollen, konkretisiert. Als mittelfristiges Haushaltsziel sollen seither „ausgeglichene" Budgets verabschiedet werden, deren strukturelle Nettoneuverschuldung 0,5 % des Bruttoinlandsprodukts nicht übersteigt (VO [EG] Nr. 1056/2005). 2010 überschritten dennoch 14 Teilnehmer die zulässige Defizitquote. Als einziger Staat wies Estland einen geringfügigen Überschuss auf (vgl. Tab. 8.2).

Entgegen den tatsächlichen Gegebenheiten überschätzten die Märkte die Kreditfähigkeit der öffentlichen und privaten Schuldner vor allem in Griechenland, Irland, Italien, Portugal, Spanien und Zypern, was die Verschuldung in diesen Ländern steigerte. Die Staatsschuldenkrise wurde offenkundig, als internationale Ratingagenturen die Bonität dieser Mitglieder der Währungsunion deutlich herabstuften – mit der Folge, dass sich diese Staaten auf den Kapitalmärkten nur zu

Tab. 8.2 Defizitquoten im Euro-Raum 2000–2014 (in Prozent des BIP). (Quelle: Europäische Zentralbank)

	2000	2005	2010	2014
Belgien	0,1	−2,3	−3,8	−3,2
Deutschland	1,2	−3,4	−4,1	0,7
Estland			0,2	0,6
Finnland	7,0	2,7	−2,5	−3,2
Frankreich	−1,3	−2,9	−7,1	−4,0
Griechenland	−0,8	−5,1	−10,7	−3,5
Irland	4,5	1,2	−30,9	−4,1
Italien	−0,5	−4,2	−4,5	−3,0
Lettland				−1,4
Litauen				−0,7
Luxemburg	5,8	−0,1	−0,8	0,6
Malta			−3,6	−2,1
Niederlande	2,2	−0,3	−5,1	−2,3
Österreich	−1,5	−1,6	−4,5	−2,4
Portugal	−1,5	−6,1	−9,8	−4,5
Slowakei			−7,7	−2,9
Slowenien		−1,5	−5,7	−4,9
Spanien	−0,3	1,0	−9,7	−5,8
Zypern			−5,3	−8,8

unerträglich hohen Zinssätzen oder eben gar nicht mehr verschulden konnten[1]. Der vor dem Euro mögliche Weg, eine Staatsschuld durch Inflation oder durch Abwertung der eigenen Währung abzubauen, war versperrt. Vor allem Griechenland schien vor dem Staatsbankrott zu stehen. Um die Staateninsolvenz nicht nur Griechenlands abzuwenden, richteten die Mitgliedstaaten der Euro-Gruppe 2010 mit der Europäischen Finanzstabilisierungsfazilität einen ersten „Rettungsschirm" ein (vgl. Illing 2013, S. 86 ff.). Eine Kreditkapazität von 440 Mrd. € sollte die Zahlungsfähigkeit einzelner Euroländer und die Stabilität der Währung absichern. Dem folgten der Europäische Stabilisierungsmechanismus mit einer Kreditkapazität von 500 Mrd. € (vgl. Bundesministerium der Finanzen 2012, S. 46) und eine durchgreifende Zinssenkungspolitik der Europäischen Zentralbank. Zur Rettung der wirtschaftlichen Interessen von Aktionären und Gläubigern „systemrelevan-

---

[1] Grund für Herabstufungen ist nicht in erster Linie die Verschuldungs- oder die Defizitquote, sondern die Erwartung der Kapitalgeber/innen hinsichtlich der Sicherheit der Renditen bestimmter Staatsanleihen. Vgl. 8.

ter" Großbanken begann die Zentralbank, auf den Märkten wertlos gewordene Staatsschuldpapiere anzukaufen. In Verbindung damit verpflichteten sich EU-Kommission und nationale Regierungen zu einer Politik rücksichtsloser Haushaltskonsolidierung. Die vor allem auf Drängen der deutschen Bundesregierung eingeschlagene Austeritätspolitik bestand in Ausgabenkürzungen (vor allem bei Sozialleistungen) und Verbrauchsteuererhöhungen (die sich eher zulasten der Bezieher/innen von Sozialtransfers sowie von geringen und mittleren Einkommen auswirken), aber nicht in der konsequenten Anwendung bestehender Steuergesetze und auch nicht in einer intensiveren Bekämpfung von Geldwäsche und Steuerhinterziehung und ebenso wenig in der Austrocknung von Steueroasen und erst recht nicht in einer Beendigung des Steuerdumpings und in Anhebungen von Steuern auf Vermögen und auf hohe Einkünfte. Wer reich war, wurde reicher und die Kluft zwischen „denen da oben" und „denen da unten" vergrößerte sich (vgl. Vermeulen 2014, S. 11 ff.).

Kraft des „Europäischen Semesters" (2011) kann der Rat eine europäische Perspektive in die nationalen Etats einbringen, indem er Empfehlungen für die Haushaltsplanung ausspricht, die von den nationalen Haushaltsgesetzgebern berücksichtigt werden sollen. Im selben Jahr verabschiedeten Europäisches Parlament und Rat sechs Rechtsakte („Sixpack")[2], die den Stabilitäts- und Wachstumspakt substanziell änderten: Gegen Mitgliedstaaten, die ihr mittelfristiges Haushaltsziel (strukturelles Defizit $\leq 0,5\%$ des Bruttoinlandsprodukts) verfehlen, können Bußen in Form verzinslicher Einlagen in Höhe von $0,2\%$ des Bruttoinlandsprodukts verhängt werden. Unerwartete Mehreinnahmen müssen zum Abbau der Verschuldung verwendet werden. Euroländer mit Verschuldungsquoten von mehr als 60% müssen seither jährlich ein Zwanzigstel des darüber liegenden Teils abbauen. Bei einem Verstoß gegen die maximale Schuldenstandquote können nunmehr Sanktionen eingeleitet werden. Sollte der Rat einen Verstoß gegen das 60- oder das Drei-Prozent-Kriterium feststellen, kann er eine Sanktionsempfehlung der EU-Kommission nur noch mit qualifizierter Mehrheit aufhalten (vgl. Gürgens et al. 2014, S. 387).

Weil die Staatsschuldenkrise unbeeindruckt voranschritt und ein teilweiser Schuldenerlass für Griechenland anstand, drängte vor allem auch die deutsche Bundesregierung auf Durchsetzung ihrer neoliberalen Krisenlösungsstrategie. Sämtliche EU-Mitgliedstaaten außer Großbritannien und Tschechien verständigten sich 2012 in einem Vertrag über Stabilität, Koordinierung und Steuerung in der Wirtschafts- und Währungsunion („Fiskalpakt") darauf, eine Schuldenbremse nach deutschem Muster und die Begrenzung des strukturellen Defizits auf $0,5\%$ (bzw.

---

[2] VO (EU) Nr. 1177/2011; Richtlinie 2011/85/EU; VO (EU) Nr. 1173/2011; VO (EU) Nr. 1174/2011; VO (EU) Nr. 1175/2011; VO (EU) Nr. 1176/2011.

auf ein Prozent des Bruttoinlandsprodukts bei Vorliegen einer Schuldenstandquote von deutlich unter 60 %) in nationales Recht zu übernehmen. Mitte 2013 trat ein so genanntes „Twopack" in Kraft. Es verpflichtet die EU-Mitgliedstaaten, ihre Etatplanung an die EU-Kommission zu übermitteln. Im Falle von Unvereinbarkeiten mit dem Stabilitäts- und Wachstumspakt kann die Kommission eine Überarbeitung verlangen.

Ausblick

Es trifft wahrscheinlich zu, dass es keine objektive Grenze für die Höhe der Staatsverschuldung gibt (vgl. Hausner und Simon 2009, S. 270). Die unterschiedlichen
Reaktionen der Märkte und der Ratingagenturen auf Schuldenstandquoten von
106 % (USA 2014), 245 % (Japan 2014) und 174 % (Griechenland 2014) legen jedenfalls nahe, dass nicht magische Grenzziehungen, sondern Renditeerwartungen
über die Akzeptanz von Verschuldung und Staatsanleihen entscheiden. Dennoch
gilt, dass die öffentliche Verschuldung nicht ins Uferlose wachsen darf. „Staatsschuldenrecht muss [deshalb] Schuldenbegrenzungsrecht sein. Es erfüllt damit die
Funktion der Machtbegrenzung und Kontrolle" (Höfling 2006, S. 937).

Die Schuldenbremse steht bei ihren Kritiker/innen in dem Ruf, die Kreditmög-
lichkeiten und damit den Handlungsspielraum der Politik über Gebühr abzubrem-
sen und dadurch wirtschaftliches Wachstum zu behindern (vgl. Horn 2009). Sie
übe dermaßen starken Druck auf Parlamente und Regierungen aus, „dass trotz
ökonomisch und sozial begründeter öffentlicher Aufgaben Ausgabenkürzungen
durchgesetzt werden müssen" (Hickel 2013). Diese Befürchtung ist unberechtigt.
Allein die dem Bund eingeräumte Möglichkeit zu dauerhaften und begründungs-
freien strukturellen Defiziten eröffnet einen Kreditrahmen, der ausreichen dürfte, einen „Bodensatz" an investiven Ausgaben zusätzlich zu den aus ordentlichen
Einnahmen zu bestreitenden Investitionen zu finanzieren. Das sowohl dem Bund
als auch den Ländern zugestandene Recht zur Kreditaufnahme bei Abweichungen
von der konjunkturellen Normallage knüpft an die oft genug in Anspruch genom-
mene „Störung des gesamtwirtschaftlichen Gleichgewichts" aus Art. 115 GG a.F.
an, aber es bindet die Verwendung der Krediteinnahmen nicht einmal mehr an
Werte schaffende und Ertrag bringende Ausgaben. Die Möglichkeit, die „über den
Durst" abgewickelte Nettoneuverschuldung auf einem Kontrollkonto zwischen-
zulagern, gleicht der Gewährung eines Dispokredits (Maunz und Dürig 2011a,
Rn. 201). Mit Vierspännern kann die Politik durch die sperrangelweit geöffneten

© Springer Fachmedien Wiesbaden 2016
S. Bajohr, *Die Schuldenbremse*, essentials, DOI 10.1007/978-3-658-11324-7_9

Scheunentore der Schuldenbremse hindurchfahren. Das verbürgt schon die große Zeitspanne zwischen einem etwaigen Verstoß und der Feststellung (von Ahndung kann ja keine Rede sein) des Verstoßes. Die Schuldenbremse enthält zu viele ex post-Regelungen. Im Nachhinein wird berechnet, korrigiert, geprüft usw. usf. Das wird dazu führen, dass die Beschlüsse und Beratungsunterlagen des Stabilitätsrates nicht einmal die geringe Aufmerksamkeit auf sich lenken werden, mit der sich die parlamentarische Haushaltskontrolle begnügen muss (vgl. Bajohr 2000, S. 510) – zumal die für einen Verstoß verantwortlichen Kabinettmitglieder dann wahrscheinlich längst nicht mehr im Amt sind. Aus all den genannten Gründen könnte sich „die neue Schuldengrenze [...] als noch unzulänglicher als die alte" erweisen (vgl. Magin 2010, S. 266). Hinzu kommt, dass die Schuldenbremse „keine nachhaltige Finanzpolitik im umfassenden Sinne garantieren kann, da sie nur die explizite Staatsschuld" berücksichtigt (Hausner und Simon 2009, S. 271). Sie ist ebenso wie Art. 115 GG a.f. ein Produkt der Kameralistik und damit old-fashioned. Sie gibt keine Auskunft über die Gesamtheit der gegenwärtigen und zukünftigen Verpflichtungen. Sie gibt keine Auskunft über finanzielle Risiken. Sie ermöglicht auch keinen Blick auf die tatsächliche Vermögenslage der Gebietskörperschaften.

Die Schuldenbremse ändert auch nichts an der Verschuldungssituation. Sie verlangsamt allenfalls die Nettoneuverschuldung und damit den weiteren Aufwuchs des Schuldenbergs, den die öffentlichen Gesamthaushalte über mehrere Jahrzehnte aufgetürmt haben. Aber sie ist kein Instrument des Schuldenabbaus, selbst wenn allfällige Haushaltsüberschüsse konsequent zur Tilgung genutzt würden.

Die Schuldenbremse wird oft missverstanden und missinterpretiert. Sie kann, richtig angewandt, den zuvor stürmischen Anstieg der Staatsverschuldung behindern. Sie sollte nicht dazu dienen, alle zukunftsrelevanten Aufgaben einem ohne Nettokreditaufnahme und ohne Mehreinnahmen ausgeglichenen Haushalt zu opfern. Reduktionen der öffentlichen Ausgaben sind möglich. Die „Schuldenbremse" setzt aber einen leistungsfähigen Staat mit einer soliden Steuerfinanzierung voraus. Der Fortfall von Krediteinnahmen muss deshalb (zumindest teilweise) durch ordentliche Einnahmen kompensiert werden.

Damit könnte sich auch ein Verständnis des Instruments Staatsverschuldung erledigen, das von Konjunkturzyklen gänzlich abstrahiert und meint, der Staat müsse die „Disproportionen des kapitalistischen Wirtschaftssystems" durch fortgesetzte Nettoneuverschuldung beheben (Wolfer 1982, S. 104). Die Kreditaufnahme darf keine regelmäßige und die ordentlichen Einnahmen komplettierende Ertragskategorie des öffentlichen Sektors bleiben.

Was derzeit noch fehlt, ist die Einsicht in die Notwendigkeit eines erneuerten Verständnisses von Verteilungsgerechtigkeit. Eine sozial verantwortliche Steuerpolitik beteiligt die Vermögenden und die Bezieher/innen hoher und höchster

Einkommen in nachdrücklicherer Weise als gegenwärtig an der Finanzierung der Staatsaufgaben und sorgt dafür, dass in konjunkturell entspannten Zeiten ausgeglichene Haushalte ohne Nettokreditaufnahmen verabschiedet und ausgeführt werden können.

Ein durchgreifender Schuldenabbau – den die Schuldenbremse nicht leistet – bedarf einer „außerordentliche [n] Steuer auf Privatkapital". Deshalb sollten die spiegelbildlich zur öffentlichen Verschuldung angesammelten Privatvermögen als Bemessungsgrundlage einer progressiven Tilgungsteuer herangezogen werden, die „kleine Vermögen schont und größere stärker in die Pflicht nimmt" (Piketty 2014, S. 738, 741). Von diesen Vermögen könnten ansehnliche Summen mobilisiert werden. Die Steuersätze müssten ausreichen, die jährlichen Zinsausgaben zu decken und zusätzlich Mittel für die Tilgung der expliziten Verschuldung übrig zu lassen. Eine andere, vertretbare Alternative zur Bewältigung des Problems der Staatsverschuldung ist nicht in Sicht.

Was Sie aus diesem Essential mitnehmen können

- Dass und wie Staatsverschuldung vorübergehend zur Krisenbekämpfung eingesetzt werden kann
- Dass die öffentliche Kreditaufnahme keine normale Finanzierungsquelle wird und nicht an die Stelle von Steuereinnahmen treten darf
- Warum Staatsverschuldung den Staat und die wenig Begüterten ärmer macht
- Wie die öffentliche Kreditaufnahme eingedämmt werden soll
- Warum die Staatsverschuldung die Handlungsfreiheit der Politik einschränkt

© Springer Fachmedien Wiesbaden 2016
S. Bajohr, *Die Schuldenbremse*, essentials, DOI 10.1007/978-3-658-11324-7

Literatur

Arbeitsgruppe Alternative Wirtschaftspolitik. (1985). *Memorandum `85. Gegen die Unterwerfung der Arbeit und die Zerstörung der Umwelt – Mehr Arbeitsplätze, soziale Sicherheit und Umweltschutz*. Köln: Pahl-Rugenstein.

Arbeitsgruppe Alternative Wirtschaftspolitik. (1988). *Memorandum `88. Im Abschwung: Gegensteuern statt Steuerreform – Alternativen der Wirtschaftspolitik*. Köln: Pahl-Rugenstein.

Arbeitsgruppe Alternative Wirtschaftspolitik. (1989). *Memorandum `89. Gegen Unternehmermacht und Patriarchat*. Köln: Pahl-Rugenstein.

Arbeitsgruppe Alternative Wirtschaftspolitik. (2011). *Memorandum 2011. Strategien gegen Schuldenbremse, Exportwahn und Eurochaos*. Köln: PapyRossa.

Bajohr, S. (2000). Perspektiven der Finanzkontrolle: Parlamentarische Prüfungsaufträge an Rechnungshöfe. *Verwaltungsarchiv, 91*, 507–539.

Berliner Zeitung. (2001, 5. Dez.). http://www.berliner-zeitung.de/archiv/schuld-tragen-immer-die-anderen-am-tag-des-scheiterns-der-koalitionsgespraeche-fuehren-spd–gruene-und-fdp-einander-vor-ampelausfall,10810590,9956382.html. Zugegriffen: 31. März 2015.

Billmeier, A. (2009). Ghostbusting: Which output gap really matters? *International Economics and Economic Policy, 6*, 391–419.

Blasius, H., & Jahnz, E. (1997). Staatsschulden (Teil 3). *Verwaltung und Management, 3*, 31–37.

Bofinger, P., & Horn, G. (2009). Die Schuldenbremse gefährdet die gesamtwirtschaftliche Stabilität und die Zukunft unserer Kinder. http://www.boeckler.de/pdf/imk_appell_schuldenbremse.pdf. Zugegriffen: 05. Sept. 2014.

Bökenkamp, G. (2014). *Schuldenbremse und Haushaltskonsolidierung*. Potsdam: Liberales Institut.

Brunton, W. (2013). Haushaltsüberwachung der Länder in Deutschland. In M. Eckert & Z. T. Pállinger (Hrsg.), *Schuldenregeln als goldener Weg zur Haushaltskonsolidierung in der EU?* (S. 105–139). Baden-Baden: Nomos.

Bundesministerium der Finanzen. (2012). Monatsbericht 02.

Bundesministerium der Finanzen. (2014). *Finanzbericht 2015*. Berlin: Bundesanzeiger.

Bundesministerium der Finanzen. (2015). Monatsbericht 03.

Bundesverfassungsgericht. (1989). *Entscheidungen Bd. 79*. Urteil vom 18. April 1989 (S. 311–357). Tübingen: Mohr.

© Springer Fachmedien Wiesbaden 2016
S. Bajohr, *Die Schuldenbremse*, essentials, DOI 10.1007/978-3-658-11324-7

Bundesverfassungsgericht. (1993). *Entscheidungen Bd. 86.* Urteil vom 27. Feb. 1992 (S. 148–279). Tübingen: Mohr Siebeck.

Bundesverfassungsgericht. (2007). *Entscheidungen Bd. 116.* Urteil vom 19. Okt. 2006 (S. 327–412). Tübingen: Mohr Siebeck.

Bundesverfassungsgericht. (2008). *Entscheidungen Bd. 119.* Urteil vom 09. Juli 2007 (S. 96–180). Tübingen: Mohr Siebeck.

Bundesverfassungsgericht. (2012). *Entscheidungen Bd. 129.* Beschluss vom 19. Aug. 2011 (S. 108–124). Tübingen: Mohr Siebeck.

Christ, J. (2009). Neue Schuldenregel für den Gesamtstaat Instrument zur mittelfristigen Konsolidierung der Staatsfinanzen. *Neue Zeitschrift für Verwaltungsrecht, 28,* 1333–1339.

Der Tagesspiegel. (2014, 09. Sept.). http://www.tagesspiegel.de/politik/haushalt-fuer-2015-wolfgang-schaeuble-praesentiert-die-schwarze-null/10670350.html. Zugegriffen: 23. März 2015.

Deutsche Bundesbank. (1981). Monatsbericht 12.

Deutsche Bundesbank. (1997). Monatsbericht 03.

Deutsche Bundesbank. (2011). Monatsbericht 10.

Deutsche Bundesbank. (2015). Monatsbericht 02.

Deutscher Bundestag. (1966). Bundestagsdrucksache V/890 vom 2. September.

Deutscher Bundestag. (1968). Bundestagsdrucksache V/3040 vom 21. Juni.

Deutscher Bundestag. (2009a). Bundestagsdrucksache 16/12410 vom 24. März.

Deutscher Bundestag. (2009b). Rede von Bundesfinanzminister Peer Steinbrück. Plenarprotokoll 16/215 vom 27. März, S. 23374–23376.

Deutscher Bundestag. (2009c). Rede von Bundesfinanzminister Peer Steinbrück. Plenarprotokoll 16/225 vom 29. Mai, S. 24866–24868.

Deutscher Bundestag. (2011). Blickpunkt Bundestag Spezial. Der Haushalt des Bundes. https://www.btg-bestellservice.de/pdf/40134500.pdf. Zugegriffen: 30. März 2015.

Ebert, W. (2013). Die Schuldenbremse in Deutschland und Europa – erste Erfahrungen und Weiterentwicklung. In M. Eckert & Z. T. Pállinger (Hrsg.), *Schuldenregeln als goldener Weg zur Haushaltskonsolidierung in der EU?* (S. 74–103). Baden-Baden: Nomos.

Ekardt, F., & Buscher, D. (2012). Staatsschuldenrecht, Finanzkrise und Nachhaltigkeit: Eine kritische Analyse der neuen Schuldenbremse und ihres Bezugs zur Eurokrise. *Archiv des öffentlichen Rechts, 137,* 42–71.

Europäischer Rat. (1997). Entschließung über den Stabilitäts- und Wachstum, gmkt Mai 17. Juni 1997, Abl. 1997, Nr. C 236, 1–2.

Europäischer Rat. (2000). Schlussfolgerungen des Vorsitzes vom 23./24. März. http://www.europarl.europa.eu/summits/lis1_de.htm. Zugegriffen: 02. April 2015.

Europäische Zentralbank. (2014). Monatsbericht 12.

Focus-Money online. (2012, 24. Feb.). http://www.focus.de/finanzen/doenchkolumne/staatsfinanzen-wie-uns-die-wohlfahrts-mafia-ruiniert_aid_741838.html. Zugegriffen: 22. März 2015.

Focus-Money online. (2014, 30. Juli). http://www.focus.de/finanzen/steuern/was-sie-nicht-wissen-sollen-staatsverschuldung-warum-deutschland-auf-eine-finanzielle-katastrophe-zusteuert_id_4025160.html. Zugegriffen: 23. März 2015.

Frankfurter Allgemeine Zeitung. (2009, 06. Mai). http://www.faz.net/aktuell/politik/staat-und-recht/aus-der-wissenschaft-ein-armliches-zeugnis-1802324.html. Zugegriffen: 31. März 2015.

Frankfurter Allgemeine Zeitung. (2014, 06. Mai). http://www.faz.net/aktuell/beruf-chan-ce/campus/wirtschaftsstudenten-wollen-theorienvielfalt-statt-einseitigkeit-der-leh-re-12924579.html. Zugegriffen: 10. März 2015.

Fassbender, B. (2009). Eigenstaatlichkeit und Verschuldungsfähigkeit der Länder. Verfas-sungsrechtliche Grenzen der Einführung einer „Schuldenbremse" für die Länder. *Neue Zeitschrift für Verwaltungsrecht, 28,* 737–741.

Friauf, K. H., & Höfling, W. (Hrsg.). (2010). *Berliner Kommentar zum Grundgesetz. Art. 115 GG. 30. Erg-Lfg.* Berlin: E. Schmidt.

Gandenberger, O. (1981). Theorie der öffentlichen Verschuldung. In F. Neumark (Hrsg.), *Handbuch der Finanzwissenschaft Bd. III* (3. Aufl., S. 3–49). Tübingen: Mohr.

Gerginov, D. (2013). *Die deutsche Schuldenbremse. Die Mär vom schuldenfreien Staat. Po-litischer Wunsch und rechtliche Wirklichkeit im Vergleich.* Hamburg: Diplomica.

Görgens, E., & Ruckriegel, K., & Seitz, F. (2014). *Europäische Geldpolitik* (6. Aufl.). Kon-stanz: UVK-Verlagsgesellschaft.

Gröpl, C. (2010). Die „Schuldenbremse" in Hessen, Rheinland-Pfalz und im Saarland. *Zeit-schrift für Landes- und Kommunalrecht Hessen/Rheinland-Pfalz/Saarland 4,* 401–406

Häde U. (2010). Die Ergebnisse der zweiten Stufe der Föderalismusreform. *Archiv des öf-fentlichen Rechts, 135,* 541–572.

Hancke, J. (2009). Defizitbegrenzung im Bundesstaat. Verfassungsmäßigkeit einer ver-bindlichen Verschuldungsregel für die Bundesländer. *Deutsches Verwaltungsblatt, 124,* 621–627.

Hardt, U., & Hiersemenzel, U., & Keppler, H. (1996). Verschuldungsgrenzen für die öffent-lichen Haushalte. Einige ökonomische Überlegungen anläßlich der niedersächsischen Verfassungsdebatte. *Niedersächsische Verwaltungsblätter, 3,* 25–33.

Hartmann, U. (1994). *Europäische Union und die Budgetautonomie der deutschen Länder.* Baden-Baden: Nomos.

Hausner, K.-H., & Simon, S. (2009). Die neue Schuldenregel in Deutschland und die Schul-denbremse der Schweiz. Wege zu nachhaltigen öffentlichen Finanzen? *Wirtschaftsdienst, 89,* 265–271.

Hetschko, C., Quint, D., & Thye, M. (2012). Nationale Schuldenbremsen für die Länder der Europäischen Union, Taugt das deutsche Modell als Vorbild? Freie Universität Berlin: Fachbeiträge Wirtschaftswissenschaft. Diskussionsbeiträge Economics 12.

Hickel, R. (2013). Verankerung der „Schuldenbremse" in der Bremischen Landesverfas-sung: Grundlagen, Gestaltung, Risiken. www.fofi.uni-bremen.de/files/heinemann/pu-blikationen/Bremer Diskussionsbeitraege zur Finanzpolitik-Nr. 5.pdf. Zugegriffen: 06. Sept. 2014.

Höfling, W. (1993). *Staatsschuldenrecht. Rechtsgrundlagen und Rechtsmaßstäbe für die Staatsschuldenpolitik in der Bundesrepublik Deutschland.* Heidelberg: C. F. Müller.

Höfling, W. (2006). Haushaltsverfassungsrecht als Recht minderer Normativität? *Deutsches Verwaltungsblatt, 121,* 934–941.

Horn, G. A. (2009). Schuldenbremse: Untaugliches Instrument. *Wirtschaftsdienst, 89,* 357.

IHK München und Oberbayern. (2010). Schluss mit der Politik auf Pump. http://www.mu-enchen.ihk.de/de/WirUeberUns/Publikationen/Magazin-wirtschaft-/Aktuelle-Ausgabe-und-Archiv2/Magazin-07-08-2010/Editorial/Schluss-mit-der-Politik-auf-Pump-Zum-Sparen-gibt-es-keine-Alternative-. Zugegriffen: 22. März 2015.

Illing, F. (2013). *Deutschland in der Finanzkrise. Chronologie der deutschen Wirtschaftspo-litik 2007–2012.* Wiesbaden: Springer VS.

Institut der Wirtschaft Köln. (2014). Faktencheck Schuldenbremse und Schuldencheck Bundesländer. http://www.iwkoeln.de/de/studien/gutachten/beitrag/ralph-bruegelmann-rolf-kroker-thilo-schaefer-faktencheck-schuldenbremse-und-schuldencheck-bundeslaender-63394?renicht latedarticles.p=115. Zugegriffen: 22. März 2015.

Kastrop, C., & Snelting, M. (2008). Das Modell des Bundesfinanzministeriums für eine neue Schuldenregel. *Wirtschaftsdienst, 88,* 375–382.

Kommission von Bundestag und Bundesrat zur Modernisierung der Bund-Länder-Finanzbeziehungen. (2008). Kommissionsdrucksache 100 vom 01. April. http:// http://webarchiv.bundestag.de/cgi/show.php?fileToLoad=1374&id=1136. Zugegriffen: 02. April 2015.

Kommission von Bundestag und Bundesrat zur Modernisierung der Bund-Länder-Finanzbeziehungen. (2009). Kommissionsdrucksache 174 vom 05. März. http:// http://webarchiv.bundestag.de/cgi/show.php?fileToLoad=1374&id=1136. Zugegriffen: 02. April 2015.

Korioth, S. (2010). Die neuen Schuldenbegrenzungsregeln für Bund und Länder – symbolische Verfassungsänderung oder gelungene Schuldenbremse? *Perspektiven der Wirtschaftspolitik, 11,* 270–287.

Landtag Nordrhein-Westfalen. (2011). Stellungnahme 15/1155 vom 09. Dez.

Lenz, C., & Burgbacher, E. (2009). Die neue Schuldenbremse im Grundgesetz. *Neue Juristische Wochenschrift, 62,* 2561–2567.

Liebert, N. (2011). *Steuergerechtigkeit in der Globalisierung.* Münster: Westfälisches Dampfboot.

Magin, C. (2010). Die Wirkungslosigkeit der neuen Schuldenbremse: Warum die Staatsverschuldung weiterhin ungebremst steigen kann. *Wirtschaftsdienst, 90,* 262–268.

Marx, K. (1962). *Das Kapital. Kritik der politischen Ökonomie,* Erster Band (=Marx-Engels-Werke Bd. 23). Berlin: Dietz.

Mattick, P. (1974). *Marx und Keynes. Die Grenzen des „gemischten Wirtschaftssystems"* (2. Aufl.). Frankfurt a. M.: EVA.

Maunz, T., & Dürig, G. (2009). *Kommentar zum Grundgesetz. Art. 115 GG. 56. Erg.-Lfg.* München: C. H. Beck.

Maunz, T., & Dürig, G. (2011a). *Kommentar zum Grundgesetz. Art. 109 GG; 62. Erg.-Lfg.* München: C. H. Beck.

Maunz, T., & Dürig, G. (2011b). *Kommentar zum Grundgesetz. Art. 109a GG. 62. Erg.-Lfg.* München: C. H. Beck.

Maunz, T., & Dürig, G. (2011c). *Kommentar zum Grundgesetz. Art. 143d GG. 62. Erg.-Lfg.* München: C. H. Beck.

Mayer, A. (2014) *Die sogenannte Schuldenbremse im Grundgesetz. Verfassungsmäßigkeit der Begrenzung der Kreditaufnahme der Länder und Umsetzung der Schuldenbegrenzungsregeln in den Ländern.* Hamburg: Kovač.

Mayer, C. (2011). Greift die neue Schuldenbremse? *Archiv des öffentlichen Rechts, 136,* 266–322.

Münch, I. von, & Kunig, P. (Hrsg.). (2003). *Grundgesetz-Kommentar, Bd. 3. Art. 115* (4./5. Aufl.). München: C. H. Beck.

Musgrave, R. A. (1958). Theorie der öffentlichen Schuld. In W. Gerloff, & F. Neumark (Hrsg.), *Handbuch der Finanzwissenschaft* (Bd. III, S. 68–137). Tübingen: Mohr.

Oberhauser, A. (1985). Das Schuldenparadox. *Jahrbücher für Nationalökonomie und Statistik, 200,* 333–348

Ohler, C. (2009). Maßstäbe der Staatsverschuldung nach der Föderalismusreform II. *Deutsches Verwaltungsblatt, 124,* 1265–1274.

Okun, A. M. (1970). *The political economy of the prosperity.* Washington D.C.: Norton.

Piketty, T. (2014). *Das Kapital im 21. Jahrhundert.* München: C. H. Beck.

Protokoll über das Verfahren bei einem übermäßigen Defizit. (1992, 07. Feb.). ABl. 1992 Nr. C 191, 84–85.

Rawls, J. (1975). *Eine Theorie der Gerechtigkeit.* Frankfurt a. M.: Suhrkamp.

Richtlinie 2011/85/EU des Rates vom 08. Nov. 2011 über die Anforderungen an die haushaltspolitischen Rahmen der Mitgliedstaaten. ABl. 2011 Nr. L 306, 41–47.

Rügemer, W. (1995). Der Staat ist eine begehrte Schuldneradresse. *Kommune, 13*(11), 53–57.

Ryczewski, C. (2011). *Die Schuldenbremse im Grundgesetz. Untersuchung zur nachhaltigen Begrenzung der Staatsverschuldung unter polit-ökonomischen und bundesstaatlichen Gesichtspunkten.* Berlin: Duncker & Humblot.

Sachverständigenrat zur Begutachtung der gesamtwirtschaftlichen Entwicklung. (2006). Jahresgutachten 2006/07. Widerstreitende Interessen – ungenutzte Chancen. Berlin.

Sachverständigenrat zur Begutachtung der gesamtwirtschaftlichen Entwicklung. (2014). Jahresgutachten 2014/15. Mehr Vertrauen in Marktprozesse. Berlin.

Schiller, R. (2013). *Die verfassungsrechtliche Begrenzung der Staatsverschuldung. Herausforderungen an die „Schuldenbremse".* Frankfurt a. M.: Lang.

Schorkopf, F. (2013). Die Schuldenbremse und Europa. In M. Heintzen (Hrsg.), *Auf dem Weg zu nachhaltig ausgeglichenen öffentlichen Haushalten* (S. 119–135). Baden-Baden: Nomos.

Schröder, G. (2005). Neue Regeln für den Stabilitätspakt. Financial Times Deutschland vom 17. 01., 26.

Seiler, C. (2009). Konsolidierung der Staatsfinanzen mithilfe der neuen Schuldenregel. *Juristen-Zeitung, 64,* 721–728.

Singer, O. (1996). Schulden, die nicht vergehen wollen. *Kommune, 14*(1), 33–36.

Smith, A. (1904). *An inquiry into the nature and causes of the wealth of nations* (Bd. II). London: Methuen.

Stein, L. von (1878). Lehrbuch der Finanzwissenschaft (Bd. 2; 4. Aufl.). Leipzig: Brockhaus.

Stern, K. (1982). Verfassungsrecht und Staatsverschuldung. In O. R. Pulch (Hrsg.), *Staatsverschuldung* (S. 13–40). Darmstadt: Hessischer Minister des Innern.

Sturm, R. (1993). *Staatsverschuldung. Ursachen, Wirkungen und Grenzen staatlicher Verschuldungspolitik.* Opladen: Leske + Budrich.

Süddeutsche Zeitung. (2014, 05. Nov.). http://www.sueddeutsche.de/wirtschaft/luxemburg-leaks-klicken-sie-sich-durch-die-geheimdokumente-1.2207307. Zugegriffen: 20. März 2015.

Thye, M. (2010). *Die neue „Schuldenbremse" im Grundgesetz. Zur neuen Gestalt der Finanzverfassung nach der Föderalismusreform II.* Halle a.d. Saale: Universitätsverlag.

Vermeulen, P. (2014). How fat is the top tail of the wealth distribution? ECB Working Paper Series No. 1692. http://edz.bib.uni-mannheim.de/daten/edz-ki/ezb/14/w-paper/ecb-wp1692.pdf. Zugegriffen: 31. März 2015.

Verordnung (EG) Nr. 1466/97 des Rates vom 07. Juli 1997 über den Ausbau der haushaltspolitischen Überwachung und der Überwachung und Koordinierung der Wirtschaftspolitiken. ABl. 1997 Nr. L 209, 1–5.

Verordnung (EG) Nr. 1467/97 des Rates vom 07. Juli 1997 über die Beschleunigung und Klärung des Verfahrens bei einem übermäßigen Defizit. ABl. 1997 Nr. L 209, S. 6–11.

Verordnung (EG) Nr. 1056/2005 des Rates vom 27. Juni 2005 zur Änderung der Verordnung (EG) Nr. 15467/97 über die Beschleunigung und Klärung des Verfahrens bei einem übermäßigen Defizit. ABl. 2005 Nr. L 174, 5–9.

Verordnung (EU) Nr. 1173/2011 des EP und des Rates vom 16. November 2011 über die wirksame Durchsetzung der haushaltspolitischen Überwachung im Euro-Währungsgebiet. ABl. 2011 Nr. L 306, 1–7.

Verordnung (EU) Nr. 1174/2011 des EP und des Rates vom 16. Nov. 2011 über Durchsetzungsmaßnahmen zur Korrektur übermäßiger makroökonomischer Ungleichgewichte im Euro-Währungsgebiet. ABl. 2011 Nr. L 306, 8–11.

Verordnung (EU) Nr. 1175/2011 des EP und des Rates vom 16. November 2011 zur Änderung der Verordnung (EG) Nr. 1466/97 des Rates über den Ausbau der haushaltspolitischen Überwachung und der Überwachung und Koordinierung der Wirtschaftspolitiken. ABl. 2011 Nr. L 306, 12–24.

Verordnung (EU) Nr. 1176/2011 des EP und des Rates vom 16. Nov. 2011 über die Vermeidung und Korrektur makroökonomischer Ungleichgewichte. AB. 2011 Nr. L 306, 25–32.

Verordnung (EU) Nr. 1177/2011 des Rates vom 08. Nov. 2011 zur Änderung der Verordnung (EG) Nr. 1467/97 über die Beschleunigung und Klärung des Verfahrens bei einem übermäßigen Defizit. ABl. 2011 Nr. L 306, 33–40.

Wagenknecht, S. (2012). Den europaweiten Kahlschlag stoppen. http://www.linksfraktion.de/interview-der-woche/europaweiten-sozialen-kahlschlag-stoppen/ Zugegriffen: 22. März 2015.

Waldhoff, C. (2007). Grundzüge des Finanzrechts des Grundgesetzes. In J. Isensee & P. Kirchhof (Hrsg.), Handbuch des Staatsrechts (Bd. V, 3. Aufl., S. 813–933). Heidelberg: C. F. Müller.

Wissenschaftlicher Beirat beim Bundesministerium der Finanzen. (2007). Brief an Minister Steinbrück „Schuldenbremse für Bund und Länder – Für eine Neufassung der Verschuldungsgrenzen", veröffentlicht am 11. Juli. http://www.bundesfinanzministerium.de/Content/DE/Standardartikel/Ministerium/Geschaeftsbereich/Wissenschaftlicher_Beirat/Gutachten_und_Stellungnahmen/Ausgewaehlte_Texte/historische-entscheidung-schuldenbremse-kommt-anlage1.html#Start. Zugegriffen: 24. März 2015.

Wolfer, S. (1982). Notwendigkeiten der Staatsverschuldung – ihre Grenzen im System staatsmonopolistischer Regulierung unter besonderer Berücksichtigung des antizyklischen Einsatzes in der BRD. Dissertation, Universität Halle-Wittenberg.

Printed in the United States
By Bookmasters